절대질문
絕對質問

멈춰 선 자녀의 성장동력을 재가동시키는 에너지

절대질문(絕對質問)

초판 1쇄 인쇄 2023년 11월 15일
초판 1쇄 발행 2023년 11월 29일

지은이 정 진

발행인 백유미 조영석

발행처 (주)라온아시아
주소 서울특별시 서초구 방배로 180 스파크플러스 3F

등록 2016년 7월 5일 제 2016-000141호
전화 070-7600-8230   **팩스** 070-4754-2473

값 17,000원
ISBN 979-11-6958-089-2 (13190)

라온북은 독자 여러분의 소중한 원고를 기다리고 있습니다. (raonbook@raonasia.co.kr)

멈춰 선 자녀의 성장동력을 재가동시키는 에너지

절대질문

絶對質問

정 진 지음

묻고, 듣고, 또 들어라
올바른 질문과 경청이 곧 해답이다

스스로 자기만의 해답을 찾게 해주는 '성장 멘탈' 코칭의 정석

RAON
BOOK

스스로 답을 찾아갈 수 있도록
안내하는 나침반, '경청'과 '질문'

미래가 없다는 청소년, 청년들에게 무슨 말을 해줄 수 있을까?

저자 정진 코치는 스스로를 한심하고 겁쟁이같이 여기는 청소년, 청년들에게 자신을 낮추면서 다가가 스스로 답을 찾을 수 있도록 돕는다.

나와 정진코치는 CGNTV에서 마음코칭 세미나를 함께 진행하였다. 정진코치는 전문가로서 자신의 생각으로만 듣는 것이 아니라, 상대가 경청과 질문을 통해 스스로 답을 찾아갈 수 있도록 '경청'의 중요성을 강조해 왔다.

경청은 단지 그 사람의 말을 듣는 것이 아니라, 현재의 문제에만 갇히지 않고 상대가 지닌 무한한 가능성을 바라보게 한다. 이러한 정진 코치님의 내공은 가정에서 아내, 자녀들과 함께 몸소 경청을 실천하면서 쌓아온 것임을 잘 알고 있다.

그렇기에 코로나를 겪으면서 가장 커다란 타격을 입은 청소년,

청년들에게, 그리고 가정 내에서 더욱 자녀들과의 소통이 어려워진
부모들에게 이 책을 적극 추천한다.

정신건강의학과 전문의 *위은정*
《혼자 잘해주고 상처받지 마라》 저자

"도대체 언제까지 들어줘야 해요. 너무 어려워요."

저는 오랫동안 사람들의 마음을 다루는 일을 해왔습니다. 어떻게 하면 부모와 자녀가, 부부가, 사람들이 잘 소통할 수 있을지, 서로를 향한 깊은 사랑을 사랑으로 잘 전달할 수 있는지 고민해 왔습니다. 고민을 넘어 마음 아픈 사연들을 들으며 그 현장에 맞는 답을 찾으려고 애써왔습니다.

"도대체 아이들이 내 말을 듣지 않아요. 이제는 들은 척도 안 합니다."

오랫동안 경청과 질문을 가르치면서 늘 듣는 말입니다. 아이들이 어릴 적에는 듣는 척이라도 했는데…, 이제는 들은 척도 안 한다는 것입니다. 부모로서 아이에게 하고 싶은 말은 많은데 아이는 들은 척도 안 하고, 자주 이야기하면 잔소리가 되어 더 이상 소통이 안 됩니다. 처음에는 자꾸 잔소리 하는 나 자신이 싫고, 아이와의 다툼, 소리 지르는 상황이 싫어서 '그래, 죽든 살든 네가 알아서해'라고 생각하지만, 부모의 입장에서 자녀가 죽든지 살든지 놓아

두는 것은 죽는 것보다 힘든 일입니다. 그래서 차라리 소리를 지르더라도 아이를 위해서 이야기를 해줘야겠다고 생각합니다. 그러나 결국 자녀와의 관계는 더욱 어려워집니다. 저는 수많은 가정을 만나며 정도의 차이는 있지만 대다수의 가정이 위와 같은 상황인 것을 많이 보게 되었습니다.

저는 코치로서 이 부분의 유일한 해결책은 경청과 질문이라고 생각하고, 그렇게 해결해 왔습니다.

여러분에게 아래와 같이 듣고 질문하는 사람이 있었나요?

'나의 인생에 깊이 관심을 가지고, 나의 이야기를 집중하고 들어준다!'
'나의 마음을 알아주기 위해 호기심을 가지고 질문해주고 다시 깊이 경청해준다'
'나의 슬픔과 분노에는 함께 슬퍼해주고 분노해준다'

'나의 기쁨과 즐거움에는 함께 기뻐하고 즐거워해준다'

여러분의 삶 가운데 그렇게 해주는 사람이 한 사람이라도 있었나요? 그렇다면 당신은 정말 행복한 사람입니다.

아주 적은 수의 사람들은 위와 같은 분을 부모로 두었겠지만, 대부분의 사람들은 부모로부터 늘 "너는 왜 그러니?", "쓸데없는 소리 하지마", "공부나 해라" 등등의 말을 들었을 것입니다. 내 감정을 말할 수도 없고, 내 생각을 이야기하면 혼이 났을 것입니다. 나를 경청하고 공감해주며 내가 그저 나 자신으로 있을 수 있도록 해주는 누군가가 있었으면 했지만, 찾지 못했을 것입니다. 그래서 늘 외롭고 슬펐는지 모릅니다. 그런 외로움과 슬픔을 느끼고 자랐지만 나는 내 자녀를 그렇게 키우지 않기 위해 열심히 노력합니다. 하지만, 나도 그런 경청과 공감을 받아 본 적이 없기에 그 일은 쉽지 않습니다. 애써보지만 잘 되지 않습니다.

그것은 단지 상대를 바꾸려는 열심만으로 가능하지 않습니다. 오히려 상대를 억지로 바꾸려는 행위가 상대에게 고통을 줄 수 있기 때문입니다.

　먼저 부모 자신이 나의 두 번째 부모가 되어 나의 마음을 경청해야합니다. 내가 진정 원하는 것…; 자녀에게 원하는 바를 나 스스로에게 질문하고 경청해야합니다. 그렇게 자신의 마음 안에 공간을 만들어 갈 때, 자녀가 부모의 마음 안에서 쉴 수 있을 것입니다. 나 자신도 고통스럽고, 말하고 싶고, 온갖 희로애락이 가득 차 있는데…; 어찌 내 자녀에게 질문과 경청을 하며 온전한 마음의 공간을 만들어 줄 수 있을까요?

　　"가장 어려운 일은 남의 고통을 '고치겠다고' 덤벼들지 않는 일, 그저 그 사람의 신비와 고통의 가장자리에서 공손하게 가만히 서있는 일이다."

(— 파커팔머, 세계적인 교육학자)

　사실 가장 어려운 일은 나와 자녀의 고통을 같이 느끼고 공감하고 질문하며 함께하는 일입니다.

그래서 경청과 공감은 기술을 넘어섭니다. 삶에 대한 태도, 그리고 정신이 담겨있습니다. 이 책을 통해 경청의 정신과 태도 그리고 질문하는 법에 대해 익히고 훈련하여 경청의 근육이 단단해지기를 바랍니다. 이것은 오직 반복되는 연습을 통해 가능합니다. 훈련은 어렵겠지만 그 무엇보다, 관계 속에서 만족을 가져다 줄 것입니다.

이 책은 소위 전문가들을 위한 책이 아닙니다. 삶의 현장에 있는 부모, 부부, 리더들을 위한 책입니다. 혹시 코칭에 대한 이론이나 질문과 경청에 대한 학문적인 원함이 있다면 그에 걸맞은 책이 아닐 수 있습니다. 이 책은 오직 경청의 정신과 태도를 익히고, 질문하는 연습을 하기 위해 집필되었습니다.

앞에는 코칭을 하면서 어머니들의 애절한 고통에 대한 저의 생각을 담았습니다. 책의 전반부에는 부모 스스로 나 자신을 사랑해야하며, 나로 살아가는 것이 자녀를 온전히 사랑할 수 있는 방법이라는 내용을 적었습니다. 또한 경청은 말만 듣는 것이 아니라 나의 존재와 상대의 존재를 안아주는 데서부터 시작되는 것임을, 그리고 자녀와의 관계는 부모 혼자가 아니라 자녀와 함께하는 것이라는 내용을 적어 보았습니다. 책임감과 죄책감에 눌려있는 많은 부모들이 자신의 마음을 회복하고 진정 자녀와 행복한 관계가 되길 바라는 마음입니다.

후반부에는 제가 오랫동안 청소년들을 위해 사용한 코칭 질문들 중에서 개인적으로 가장 많이 사용한 질문들을 위주로 사례와 함께 적어 보았습니다. 질문을 한다고 모두 사례와 같이 성공하거나 성장한다는 말은 아닙니다. 아이들은 단 한 가지 질문과 방법보다는 한 인간을 대하는 태도, 희생, 사랑으로 변화할 것입니다. 이런 다양한 사례들을 통해 청소년들이 성장하고 발전할 수 있다는 작은 희망을 얻길 바랍니다.

'아름답다'란 말에는 다양한 어원이 있는데, 그 중 한 가지 설에 의하면 '아름'이 '나'를 뜻한다고 합니다. 즉 '나'답다는 것이 진정 아름다운 것이란 의미입니다. 부모도 자녀도 모두 다릅니다. 하나의 답으로 해결될 수 있다면 이 책이 나올 필요가 없었을 것입니다. 진정 '나'다운 부모가 되고 '너'다운 자녀가 되는 질문과 경청을 할 수 있게 되기를 기대해봅니다.

경진

차 례

1장

부모, 나 자신을 알고 가치관을 점검하자

2장

듣고, 듣고, 듣고

3장

당신의 자녀와 한 팀이 되세요

4장

자녀의 마음과 공감하는 19가지 절대질문

부모, 나 자신을 알고 가치관을 점검하자

당신은 살면서 누구에게
가장 화를 내고 있나요

01

 화가 나서 맨날 소리를 지르게 됩니다

"저, 오늘도 아이에게 또 큰소리로 화를 냈어요. 아이가 점점 키도 크고 힘도 강해지고 머리도 커져서 더 이상 제 말을 듣지 않아요. 어떻게 해야 할까요? 대학입시는 준비할 것이 너무 많은데…, 이러다가 어떻게 하려고 그러는지 한숨만 나와요. 계속 아이에게 소리만 지르게 되고, 아이와 관계가 멀어지는 이 상황이 너무 부끄러워요. 저도 교육자이고 강사인데…."

A군 어머니가 상담 시 나에게 털어놓은 고민이다. 한국의 부모 중에 이런 고민이 없는 사람은 거의 없을 것이다. 아이를 대하는 게 점점 힘들어지고, 화나는 감정을 다스리기가 힘들다는 고민 말이다.

어렸을 때는 먹이고 입히고 씻기는 일이 힘들다. 점점 아이가 자기 몸을 건사하기 시작하면서부터는 정서적인 문제로 부딪치는 일이 어려워진다. 자녀가 자기 나름의 생각이 생기고, 스스로 가치관과 자기만의 기준이 자리 잡으면서 점점 부모 말을 듣지 않는 것이다. 사회생활을 해야 하는 학교에서, 대학입시 위주의 대한민국 교육 안에서, 자신의 뜻대로만 해나가려는 자녀의 모습을 지켜보는 부모의 마음은 정말 속이 타들어가다 못해 썩는 것 같다.

그렇다면 부모는 언제, 무슨 일 때문에 자녀에게 화가 나는 것일까? 아마 주된 원인은 부모가 하라는 대로 따라주지 않았을 때이거나 부모 마음을 몰라주고 자녀가 자기 뜻대로 했을 때일 것이다. 부모는 자녀가 자기주장을 굽히지 않을 때 왜 화가 나는 것일까? 자녀에게도 자신의 생각이 있는 것은 당연한 것인데 말이다. 그래서 부모들은 화를 내지 않기 위해 명상도 해보고 '자녀에 대한 화 참기' 등등의 제목으로 유튜브를 검색하는 등 많은 노력을 해 본다. 또 유명한 강사의 강의나 책을 듣고 읽으면서 화를 내지 않기를 다짐하고 또 다짐하지만, 부모의 화는 멈추지를 않는다. 도대체 부모는 어떻게 해야 하는 것일까?

범인은 뇌?

많은 인지과학자들은 화의 원인이 바로 뇌라고 말한다. 특히 부모의 자녀에 대한 화는 나와 자녀를 동일하게 인식하는 뇌에 그 원인이 있다. 우리 뇌에는 나를 인지하는 뇌의 영역이 있고 타인을 인지하는 뇌의 영역이 있다고 한다. 그런데 나와 가까운 관계일수록 나를 인지하는 뇌의 영역에 가깝게 저장된다고 한다.

카이스트 정재승 교수는 특히 한국 사람들은 부모나 자녀를 나 자신과 동일시하는 경향이 있다고 한다. 그래서 자기 스스로가 자신의 몸을 통제하듯이 상대도 통제가 되어야한다고 생각한다. 그래서 자신의 생각대로 통제 되지 않는 가족에게 불과 같이 화가 나는 것이다.

성숙하다는 것의 의미는 무엇인가! 그것은 부모가 자녀를 나와 다른 독립된 존재로 여길 수 있다는 의미다. 성인이 되기 전까지는 부모의 양육 안에서 커나가지만 곧 그는 부모를 떠나 자신의 삶을 살아갈, 나와 다른 존재이다. 화를 내지 않는 방법의 첫 번째는 자녀를 나와 다른 존재로 인정하고 받아들이는 것이다.

자녀는 내가 아니다

그렇다면 자녀에게 화내지 않을 수 있는 방법은 무엇일까? 사실 화를 안 내려고 노력하는 일은 헛수고로 끝날 공산이 크다. 화를 안 내려고 애써봤자 소용없다. 나를 자녀와 동일시하는 한 계속 화가 날 수 밖에 없다. 나 자신의 몸이 통제되지 않으면 우리는 계속 화가 나거나 당황스러울 것이다. 자녀에 대한 화를 줄이는 유일한 방법은 자녀를 내가 아닌 '타인'으로 생각하기를 훈련하는 것이다.

너무 멀지는 않지만, 그렇다고 너무 가깝지 않게 적당한 거리를 두는 것이다.

'고슴도치 딜레마'라는 말이 있다. 고슴도치는 추우면 서로 가깝게 모인다고 하는데, 그러면 서로의 가시에 찔려 아프다. 그래서 '너무 가까이하기도, 그렇다고 너무 멀리 떨어져 있기도 어려운 인간관계' 또는 '그런 마음 상태'에 빠진 것을 '고슴도치 딜레마'라고 한다. 우리는 서로 친밀한 관계를 원하지만 막상 너무 가까이 있으면 서로가 가진 가시에 찔려 다치고 아파한다. 가까운 가족인 남편과 아내, 부모와 자녀 간에도 적당한 거리가 필요하다.

물론 이렇게 거리를 유지하는 일이 쉽다는 이야기는 아니다. 특히 한국인들은 부모가 자녀를 뇌에서 동일하게 여기는 집단 문화가 있다니 더더욱 힘든 일일지 모른다. 그러나 결국 나와 다른 환경에서 자란 다른 존재라는 인식이 없이는 이 문제를 풀 수 없을 것이다.

나는 "성숙한 사람이란 타인을 통제할 수 없다는 것을 받아들이는 사람"이라는 말을 자주 부모님들에게 한다. 자녀는 통제할 수 없다. 그래서도 안 된다. 그렇게 되었으면 좋겠다는 부모의 바람만 있을 뿐이다.

나도 부모로서 그렇다. 내 아들과 딸의 아픔을 보고 있는 것보다 내가 아픈 것이 차라리 편하다. 아마도 대부분 많은 부모들이 학교나 친구 관계에서 어려움을 겪는 자녀를 보느니 학교를 안 보내고 싶은 심정일 것이다. 그러나 고통 없는 배움은 없고, 고통 없는 삶은 없다. 자녀의 삶을 완벽하게 보호하고 통제할 수도 없고 만약 그럴 수 있다고 해도 그것은 자녀에게 불행이다. 우리는 자녀를 통제할 수 없으며 그것이 현실임을 받아들여야 한다.

통제할 수 있는 부분만 열심히 하자

"신이시여, 내가 변화시킬 수 없는 것들은 받아들이는 평온함을 주시고, 변화시킬 수 있는 것들은 변화시키는 용기를 주시고, 이 두 가지를 구별할 줄 아는 지혜를 주소서."

'평안의 기도(Prayer of Serenity)'로 알려진 이 글귀는 미국의 신학자 라인홀드 니부어(Reinhold Niebuhr)가 쓴 짧은 기도문이다. 우리는 자녀를 바꿀 수 없다. 자녀는 내 마음대로 되지 않는다. 그 사실을 받아들이고 대신 내가 할 수 있는 일에 집중하자. 자녀를 서포트 할 수 있는 일에 최선을 다하자. 자녀의 필요를 위해 질문하고 경청하자. 자녀가 최선의 경험을 할 수 있도록 장을 만들어주자. 힘들 때 부모에게 다가올 수 있도록 내 마음의 공간을 만들어가자. 그것에 최선을 다했다면 위의 기도문처럼 자녀를 위해 기도하며 나의 삶을 살아가자.

02 | 나는 내 자녀를 얼마나 믿고 있나

세계적인 리더십 권위자에게도
쉽지 않은 자녀 교육

세계적으로 존경받는 리더십 권위자이자 가족 공동체 전문가인 스티븐 코비(Stephen Richards Covey)는 세계적인 베스트셀러 《성공하는 사람들의 7가지 습관》(김영사, 2017)에서 자신 역시 자녀에 대해 깊은 고민을 한 적이 있다고 털어놓는다. 코비 부부는 리더십의 권위자였지만, 정작 코비의 아들은 사회적으로 미숙하고 학교 성적도 그다지 좋지 않았다고 한다. 게다가 키도 작고 몸집이 왜소한 데에다 운동신경도 뛰어나지 않아 학교 친구들로부터 놀림을 받거나 웃음거리가 되는 일이 잦았다고 했다.

그래서 코비 부부는 아이를 돕기 위해 자주 격려해주고 이런저런 조언을 해주며 도우려 했다. 그런데 막상 아들의 상황은 나아지지 않았고 오히려 부모의 세심한 도움이 아이의 자존심을 상하게 하는 것 같았다고 설명한다. 결국 리더십의 권위자였던 코비 부부의 적극적인 자녀 양육은 실패를 거듭했다고 한다.

자녀를 교육하는 데 실패를 거듭하던 스티븐 코비는 이 문제를 다르게 살펴보기로 했다고 설명한다. '부모 자신이 어떤 렌즈를 끼고 세상과 자녀를 보고 있는가에 따라 문제가 다르게 보일 수 있다'는 데 생각이 미쳤기 때문이다. 파란 렌즈를 끼면 세상은 온통 푸르게 보일 것이고, 빨간 렌즈를 끼면 전부 빨갛게 보이듯 말이다. 그래서 코비 부부는 자신들 눈에 씌워진 렌즈를 벗고, 아들을 그 자체로 바라봐주기로 했다. 아이가 타고난 본연의 가치를 인정해주고 아이를 있는 그대로 믿으며, 아이가 보여주는 사소한 행동들을 함께 기뻐해 주기로 했다. 그리고 더 이상 아이를 약한 아이로 여기고 보호했던 행위도 하지 않고 믿음으로 기다렸다고 한다.

 자녀를 그 존재 자체로 믿는 것이 '믿음'이다

코비 부부는 자녀를 사회적 틀에 받아들여지는 인간으로 만들기 위해 친절하고 적극적으로 해온 조종을 중단했다. 사소하고 자잘한 일들도 일일이 도와주고 보호해주던 부모가 아들이 스스로 하도록 놔두자, 아이는 처음에는 그런 부모에게 서운해하고 힘들어했다. 그런데 시간이 지날수록 부모가 심은 믿음의 씨앗이 자녀에게서 싹을 틔웠고, 아이도 스스로를 믿기 시작했다. 스스로에 대한 믿음이 자라나자 결과는 매우 좋았다. 자신만의 영역에서 인정받을 만한 성과들을 하나 둘씩 만들어가기 시작했던 것이다. 아들은 자기만이 가진 페이스와 속도로 꽃피기 시작했다.

성경은 믿음에 대해 이렇게 전한다.

> "믿음은 우리가 바라는 것들에 대해서 확신하는 것입니다. 또한 보이지 않지만 그것이 사실임을 아는 것입니다."
>
> 《히브리서》 11:1

히브리서에서 이야기하는 믿음은 자신이 원하는 것을 믿는 것이 아니라, 존재 자체에 대한 믿음이다. 이는 곧 부모가 바라는 모습을 간직한 자녀를 믿는 것이 아니라 자녀가 존재하는 그 형태 그대로의 가능성을 믿는 것을 의미한다. 지금은 느릴지라도, 성적이 부족할지라도, 지금은 반항할지라도, 자녀가 스스로 잘 해낼 것이라는 믿음, 자녀에게는 무궁무진한 가능성과 특별함이 있음을 의심하지 않는 그런 믿음 말이다.

심리학자들은 '피그말리온 효과'라는 단어로 이 믿음의 효과를 표현하기도 했다. 피그말리온 효과란 다른 사람의 긍정적인 기대나 관심, 예측이 개인의 능률이나 결과로 실제 나타나는 경향을 말하는 것으로, 1964년 미국 하버드대학교의 교육심리학자 로버트 로젠탈(Robert Rosenthal)에 의해 실험되었다.

자녀가 마음먹은 대로 따라주지 않아 속이 상하거나, 자녀가 자신이 원하는 방향대로 가지 않아서 마음이 조급하다면, 부모인 우리가 먼저 내 자녀를 어떻게 바라보고 있는지, 그리고 그보다 더 우선적으로 내가 나 스스로를 어떻게 바라보고 있는지를 점검해야 한다.

믿음은 힘이 세다

나는 두 아이의 아빠다. 첫째는 딸이고 둘째는 아들이다. 딸이 5살 정도 되었을 때인가? 이제 막 세 살이 된 남동생에게 조금씩 짜증을 내기 시작했다. 누나인 자신의 말을 잘 안 들을 뿐 아니라 동생이 너무 어려서 같이 재밌게 놀 수 없었다. 또 자신이 많은 부분을 동생에게 맞춰주어야 하는 것이 짜증이 났나 보다. 그래서 계속 잦은 다툼이 시작되었다. 동생은 서운했고, 누나는 짜증이 났다. 부모인 나도 이런 상황을 자주 대해야 하는 것이 불편했다. 일단 나는 동생보다는 어느 정도 의사소통이 가능한 딸에게 뭔가 더 바라게 되는 상황이었다. 그래서 순간순간 딸을 데리고 설득을 해야 하나 혼을 내야하나 고민을 하고 있었다. 아이들이 잠들고 나서도 "딸의 마음도 이해가 되지만 아들이 어린 걸 어떡해. 고민이네" 하며 아내와 함께 이야기를 나누었다.

그럼에도 불구하고 우리는 아이를 믿어주기로 했다. 어느 날 딸을 불러 이야기를 했다. "사랑하는 딸~, 동생하고 놀아주고, 배려해주고, 양보하느라 수고가 많지?" 아빠의 말에 어린 딸의 눈가가 붉어진다. 자신도 나름 많이 참았나 보다. "너무 고마워, 우리 딸. 동생도 늘 보살펴주고 양보해주느라 고생이 많아. 아빠 엄마가 정말 고마워" 꼭 안아주었다. 그리고 이렇게 이야기했다 "그런데 사랑하는 우리 딸, 만약 동생이 없었다면 우리 딸 집에서 혼자 놀아야했을 텐데…, 어땠을 것 같아? 좋을 것 같아?" 내 물음에 딸아이는 즉답으로 그렇다고 했다. "그래도 계속 없으면 어떨까? 혼자서 있으면 심심했겠지?" 아이는 마지못해서인지 진심인지 모르나, "그렇다"고 했다.

"그래, 혼자 있으면 얼마나 심심할까? 동생 있어서 그래도 같이 물놀이도 하고 집짓기놀이도 하고 그러지? 우리 딸 동생 잘 보살펴줘서 아빠 엄마가 너무 고마워. 우리 딸은 정말 좋은 누나야."

이렇게 말을 해주었다. 그런데 딸의 행동이 많이 바뀔 거라고 예상은 안 했는데 실제로 딸의 변화는 놀라웠다. 늘 동생을 챙기던 자신의 노력을 인정받는다고 느꼈고, 비록 어린 동생이 몰라주더라도 그런 동생을 잘 살피는 누나라는 자긍심을 스스로 가진 듯했다. 그날부터 딸은 동생을 더 열심히 보살피기 시작했다. 자신을 피해자나 억울한 존재가 아니라 오히려 멋진 누나의 모습으로 정체성을 가진 듯 싶었다. 그래서 동생에게 화를 내기보다는 자신감 넘치는 목소리로 가르치기 시작했다. "너, 이러면 누나가 안 놀아준다. 누나 말 잘 들어야 함께 놀 수 있어." 그렇게 누나로서 리더십을 발휘하기 시작했다. 만약 부모인 우리가 "너 왜 이렇게 동생에게 짜증내니? 응?" 이렇게 혼을 냈다면 딸은 억울한 마음이 들기 시작했을 것이고 오히려 자신을 동생에 의해 억울하게 피해를 받는 존재로만 여겼을지 모른다. 그러나 우리는 딸의 존재를 믿었고, 그의 행동에 고마워했다. 그러자 딸은 그 믿음과 감사에 반응하며 자신의 존재 대로 살기 시작했다.

 ## 나를 끝까지 믿어주는 그 한 사람

인간 중심 상담이라는 이론을 창안한 심리학자 칼 로저스는 "신기한 역설은 나 자신이 있는 그대로 수용될 때 인간이 변화할 수 있다는 점이다."라고 말했다. 나는 딸에게 부모가 믿고 있음을 보여주고 그 효과가 아이의 마음에서 일어나는 것을 직접 목격하고는, 우리가 믿어준다는 것의 의미, 아이들이 부모의 믿음을 온전히 받아들였을 때 나타나는 변화 등을 생생히 체험할 수 있었다.

내 자신의 과거를 떠올려보면 누군가 나를 억지로 바꾸려 했을 때 바뀐 적인 단 한 번도 없다. 나를 믿어주었던 그 선생님, 나의 마음을 잘 알아주었던 친구, 그렇게 나의 존재를 그대로 알아주었던 한 사람으로 인해 감동하고 감사해서 나 스스로 변화했었다.

우리의 자녀를 우리는 어떻게 바꿀 것인가? 아이에게 상처를 남기는 꾸중을 통해서 바꿀 것인가? 아니면 남과의 비교를 통해서? 부모의 채근과 독려를 통해서? 그 어느 것도 성공하지 못한다는 것을, 어쩌면 부모 스스로도 짐작하고 있을지 모른다.

부모는 아이에게 변화를 요구하거나 바라기 전에 자신이 왜 아이에게 '그것'을 원하고 바라는지부터 점검해야 한다. 부모 자신의 가치관을 먼저 똑바로 바라봐야 한다는 이야기다. 그러고 나면 부모 자신이 '내 아이를 과연 믿고 있는가' 하는 질문에 맞닥뜨리게 될 것이다. 내 아이를 부모인 자신부터 믿지 않는데, 약하디 약한 아이가 어떻게 자기 자신을 믿어줄까?

아이는 나를 믿어주는 딱 한 사람만 있으면 얼마든지 용기와 자신감을 갖고 살아갈 수 있다. 그 한 사람이 주된 양육자가 되어야 하는 것은 당연하다. 나는 내 자녀를 얼마나 믿고 있는지부터 스스로 점검하자. 그 안에 자녀와 부모 자신이 가야 할 방향이 동시에 있을 것이다.

아이가 아픈 것이 아니라 '우리가' 아픈 겁니다 03

 "엄마가 가장 힘들어요"

예전에 자녀 문제로 나를 찾아온 어머님이 있었다. 그 어머님은 아이 문제가 심각하다고 말했다. 자녀는 성적도 떨어지고 있었고, 관계 속에서도 어려움을 겪고 있었다. 어머님과의 대화 후, 아이를 만나서 이야기를 나누었다.

"○○야~, 요즘 삶의 만족도는 몇 점이야? 100점이 아주 행복하고 만족하는 것. 0점은 정말 살기 싫을 정도로 힘든 것."

"음…; 저 요즘 한 20점요."

"그렇구나. 20점이면 많이 힘들겠네. 80점을 깎은 이유는 어떤 것들이 있어?"

"음…; 공부에 대한 부담도 있고, 친구 관계도 그렇고. 그런데 그건 그렇게 크진 않아요."

아이는 고민의 끝에 엄마 때문에 가장 힘들다고 했다. 세상에서 아이를 가장 사랑하고 지켜주는 사람이 주 양육자, 주로 엄마와 아빠일 테고, 그중에 엄마가 아이와 가장 밀착되어 있는 존재일 텐데, 어째서 아이를 가장 힘들게 한다는 것인지 나는 매우 궁금했다.

아이 코칭은 1시간, 부모 코칭은 4시간

그렇게 아이를 보내고 어머니를 만났다. 어머니를 만나서 내가 물었다. "어머님, 아이와 이런저런 대화를 나누었습니다. 그런데 요즘 어머님 마음은 어떠세요?" 그 사소한 한마디 질문에 아이의 어머니는 4시간 동안 자신의 이야기, 자신의 마음을 풀어놓았다. 과거의 슬픔, 오늘의 어려움, 미래에 대한 두려움, 자녀에 대한 걱정 등등. 나는 어머니의 이야기를 깊이 경청했다. 코치로서 평생 훈련한 대로 아이 어머니와 호흡의 속도까지 맞추어가며 물아일체가 되어 이야기를 경청했다.

누군가 자신의 마음을 이야기할 때 온전히 내 편이 되어 집중해 들어주면 어떤 일이 일어나는지 아는가? 답답했던 가슴이 뻥 뚫리고, 세상이 자신의 편이 된 것 같은 느낌을 받는다. 4시간이 넘게 깊이 마음을 나눈 후 어머니께서는 얼굴에 빛이 나며 몇 번이나 나에게 고맙다는 말씀을 하셨다. 내가 별말을 하지 않았음에도 말이다.

그리고 다음 주 코칭 시간이 되어 아이를 다시 만났다.

"이번 한주는 만족도가 몇 점이야?"

아이는 과연 몇 점이라고 말했을까?

"음…, 한 80점이요?"

"와! 많이 올랐네? 일주일 만에 점수가 그렇게 오른 이유가 뭐야?"

"글쎄요…, 아! 생각해보니 우리 엄마가 뭔가 기분이 좋은 것 같아요. 이번 주는 저를 갈구지⑺ 않았어요."

네가 변하면 세상이 달라져 보인다

이 사례는 한 명의 부모를 두고 말하는 것이 아니다. 대부분의 부모들의 이야기이며 우리 모두의 이야기이다. 아침에 일어났을 때 이유 없이 기분이 좋은 날이 있었을 것이다. 그럼 우리는 주변이 아름답게 보이고, 옆에 있는 사람에게 잘해주게 된다. 잠에서 깨었을 때 기분이 좋지 않으면 우리는 그 누구를 보아도 짜증이 나고 서운하고 또 원망스럽기도 하다.

부모는 힘을 가진 자다. 힘을 가진 부모가 가장 쉽게 화내고 원망하기 쉬운 대상이 자녀이다. 그래서 부모 스스로가 자신의 마음을 살피는 것이 정말 무엇보다 중요하다. 자녀에게 계속 짜증이 나고 자녀의 일거수일투족이 염려되고, 그 일로 인해 부모 자신이 힘들다면 자신의 마음을 먼저 살피는 것이 중요하다. 실제로 자녀의 문제가 심각하다 하더라도 자녀를 부모로서 잘 양육하기 위해서라도 자신의 마음을 회복하는 것이 먼저이기 때문이다.

아이가 실수해서 짜증이 나는 것이 아니고, 자녀의 미래가 걱정되어서 불안한 것이 아니고, 자녀가 부족해서, 잘못해서 내가 힘든 것이 아님을 분명히 알아차리고 스스로 깨달아야 한다. 모든 걱정과 짜증과 불안의 출발이 나 자신임을 알 때, 부모 스스로 걱정과 짜증과 불안을 통제할 수 있게 된다. 그래서 결국 내가 변하면, 세상이 달라 보이게 된다.

흐트러진 마음을 관리하는 3가지 방법

나 자신이 변하고 세상을 달라 보이게 하려면 나의 마음을 먼저 다스려야 한다. 나는 나에게 코칭 요청을 하는 학생의 부모들에게 마음을 관리하는 3가지 방법을 권한다

첫째, 감정 일기를 적는다. 감정 일기란 힘들고 어려운 마음, 괴로운 생각, 걱정거리, 나쁜 말이라고 생각되는 말들까지 모두 그냥 생각나는 대로 다 적어보는 것이다. 누가 볼까 봐 걱정된다면 일단 쓰고 나서 나중에 그 일기장을 폐기해도 괜찮다.

단, 한 가지 조건은 나중에 이 내용을 적은 자신을 원망하면 안 된다는 것이다. 그냥 쓰레기를 버리듯이…, 청소를 하듯이…, 내 생각과 감정을 노트에 솔직하게 적어보는 것만으로도 자신의 복잡했던 머릿속이 조금은 비워지는 느낌을 받을 수 있을 것이다.

손으로 직접 쓰는 게 싫다면 스마트 폰의 노트 기능을 이용해 기록해도 좋고, 쓰자마자 지워도 좋다. 차마 적기가 어려우면 녹음

을 한 뒤에 한번 들어보고 바로 지워도 된다. 이것의 목적은 내 마음속의 모든 것을 들여다보고 돌아보게 하기 위함이다. 내 마음에 무엇이 응어리로 있는지, 내가 오늘, 아니면 요즘 누구 때문에 힘들어하고 있는지, 진짜 나를 힘들게 하는 일이 '그 일'이 맞는지를 감정 일기를 적어보면서 확인하거나 풀어놓는 것이다.

두 번째 방법은 믿을 수 있는 한 사람에게 나의 감정을 정기적으로 나눠보는 것이다. 여기서 포인트는 '믿을 수 있는 사람'이라는 것이다. 나의 이야기를 함부로 소문내지 않고 나를 탓하거나 비난하지 않을 사람에게 말이다. 나의 이야기를 소문내거나 함부로 판단하지 않을 상대 한 사람을 생각해보라. 정말 생각이 나지 않는다면 무료로 전화 상담을 해주는 상담소들도 괜찮다. 그 곳에 나의 이야기를 해보라. 앞에서 이야기했던 방법이 글로 적는 일기라면 이것은 말하는 일기라고 생각해보고 나의 감정과 생각을 나누어보라. 나는 부모들에게 경청 강의를 하며 두 사람씩 짝을 지어준다. 그리고 서로 30분씩 자유주제로 이야기를 나눌 것을 제안한다. 듣는 사람은 듣고 질문할 뿐 자신의 의견이나 조언을 할 수 없다. 이렇게 2~3번을 하면 마음이 너무 시원해져서 세상이 달라져 보인다는 말을 듣기도 한다. 연습임에도 자신의 이야기를 판단 없이 들어주는 사람이 있기에 부모 자신의 마음의 문제들이 해결된다는 것이었다.

마지막 방법은 전문가의 도움을 받는 것이다. 앞의 두 가지 방법을 썼는데도 별 효과가 없거나 아예 앞의 방법들을 쓸 엄두조차 나지 않는다면, 또 도무지 자녀에 대한 걱정, 근심이 머릿속에서 떠나지 않고 어떤 일에 집중하기 어려울 정도로 마음이 복잡하다면 심리 전문가가 도움을 줄 수 있을 것이다.

심하게 다쳐서 아프면 당연히 병원에 가지, 혼자 집에서 해결하지 못한다. 우울증도 마찬가지이다. 혼자서 해결하지 못한다. 그건 그냥 아픈 것이다. 절대 부끄러운 것도 아니다. 전문가의 도움과 적절한 약물 처방이 여러분을 고통의 늪에서 꺼내줄 수 있을 것이다.

 아이를 돕기 위해서라도 필요하다

"아이는 부모의 뒷모습을 보고 자란다"라는 말이 있다. 자녀를 원망하기 전에 우리의 마음 상태는 어떠한가? 가슴 아픈 말이지만 부모가 자신의 삶에 대해 성장하지 못하고 자녀에 대해 계속 불안해한다면 그 아이는 우리의 모습을 보고 그대로 닮아 자랄 것이다. 세상에서 바꿀 수 있는 오직 한 사람은 바로 나 자신밖에 없다. 나의 마음을 돌아보고 나 자신이 성장하고 마음의 근육을 키우자.

물 밖에서 굳게 발을 디디고 있는 사람이 물에 빠진 자를 도울 수 있다. 같이 물에 빠지면 안 된다. 자녀의 삶이 안타깝고 돕고 싶다면 더더욱 부모가 먼저 자신의 마음을 돌아보고 회복해야 한다. 그렇게 내 마음을 먼저 회복하고 마음을 강하게 하고 담대히 하여 자녀를 돕기 시작하자. 아이가 아픈 것이 아니라 '우리가' 아픈 것임을 자각할 때 바람직한 관계의 출발이 시작될 수 있다.

자녀의 자존감을 높이는 유일한 열쇠는 부모에게 있다 04

부모의 자존감 수준이 바로 자녀의 자존감 수준

2008년 EBS에서는 〈아이의 사생활〉이라는 다큐멘터리를 총 5부작에 걸쳐 방영했다. 취재기간 1년, 설문조사 참여 인원 4,200명, 실험에 직접 참여한 어린이 500명, 그리고 국내외 자문교수 70명 등이 동원되어 과학적인 데이터를 근거로 제작된 이 프로그램은 대한민국의 많은 부모들에게 큰 반향을 일으켜 이후 여러 차례 재방송되고 책으로도 출간되는 등 큰 화제를 낳았다.

당시 〈아이의 사생활〉 3부의 주제는 '자존감'에 대한 내용이었다(1부는 '남 과 여', 2부는 '도덕성', 4부는 '다중지능', 5부는 '나는 누구인가'). '스스로 자(自)', '높을 존(尊)', '느낄 감(感)'자를 쓰는 자존감은 말 그대로 자기 자신을 스스로 높여 귀중하게 대한다는 말이다. 하버드대학 교육학과 교수, 조세프 킴에 따르면 자존감은 신념의 집합인

데, 이는 크게 둘로 나뉜다. 바로 자기가치(Self-worthness)와 자신감(Confidence)이 그것이다. 모든 인간은 경험을 통해 성공 혹은 실패라는 선택을 하게 되는데 이때, 자존감이 미래의 성공과 실패를 결정해주는 큰 영향을 미치게 된다.

이 다큐멘터리의 조사에 의하면 자존감은 성적뿐 아니라 자아상, 공감능력, 성취도, 리더십, 왕따를 시키고 당하는 것에서도 밀접하게 연결되어 있었다. 그리고 이 방송 프로그램에서 다소 충격적인 내용이 나온다. 그것은 바로 부모의 자존감 수치와 자녀의 자존감 수치가 같다는 것이다. 부모의 자존감이 낮으면 아이의 자존감 수치가 낮았고, 부모의 자존감 수치가 높으면 자녀의 자존감 수치가 높았다. 여기까지 이야기하면 나에게 코칭을 받는 부모들은 실제로 순간적으로 절망감을 느낀다.

'결국 내 잘못이었다니…'

그러나 이 데이터를 그렇게만 받아들일 이유는 없다. 그동안은 자녀를 바꾸어야겠다고 생각했다면, 이제는 '나를 바꾸면 아이가 바뀐다'고 생각을 전환하면 된다.

부모의 자존감을 높이면 자녀의 자존감이 높아진다.

이 얼마나 명확하고 실행 가능한 목표인가? 자녀는 나의 말과 행동으로 바뀌지 않는다. 내가 바뀌면 내 아이가 바뀐다. 내 행동이 바뀌면 자녀가 성장한다. 세상에서 내가 바꿀 수 있는 유일한 존재, 바로 '나'를 바꾸어가자. 그럼 자녀는 자연스럽게 바뀐다.

자녀의 자존감을 낮게 만드는 소통법

〈아이의 사생활〉 연구팀에 따르면 자녀의 자존감을 낮추는 부모의 특징을 조사했을 때 조언하고 충고하고 비판하는 부모라는 결과가 나왔다. 자녀를 계속 부족한 사람으로 보고, 뭔가 답답하고 짜증이 나서 자꾸 무언가를 이야기해주고 바꾸려는 그 태도 자체가 자녀의 자존감을 낮춘다는 것이다. 다음에 나열한 10가지 목록을 보고 자녀를 대하는 자신의 태도를 한 번 점검해보자.

1. 나는 나의 자녀의 행동을 보면 자꾸 짜증나고 답답하다.
2. 자녀의 행동을 보면 바꾸어주고 싶다.
3. 어떤 행동을 실수하면 내가 바로 잡아주는 것이 속시원하다.
4. 이해가 되지 않는 말을 하면 정확하게 말할 때까지 반복해서 확인한다.
5. 부모의 말을 일단 절대적으로 따르도록 가르친다.
6. 자신의 생각대로 행동하는 것을 지켜보는 것이 용납되지 않는다.
7. 나의 통제에서 벗어나는 것이 불안하다.
8. 아이의 행동이 하나하나 짜증나고 부끄럽다.
9. 일단 화가 나서 소리지르게 된다.
10. 하나하나까지 내가 챙겨주고 도와주어야 직성이 풀린다.

앞에 소개한 10가지 항목 가운데 나의 태도는 몇 개나 해당하는가? 만일 5개 이상이 된다면 자신의 태도를 점검해 볼 필요가 있다.

 과거의 나에게 스스로 제2의 부모가 되어주자

충고, 조언, 비판하는 태도는 나와 타인의 자존감에 도움이 되지 않는 자세이다. 자존감을 높이는 대화는 공감하고, 수용하고, 경청하고 질문하는 대화이다. 그리고 무엇보다, 아이 스스로 목표를 세우고 작은 성취를 반복하는 것이 너무나도 중요하다. 나의 대화법은 어떠한가?

그런데 여기서 잠깐! 보통 부모교육을 하면 아이에게 "어떻게 해야 한다", "이렇게 해야 한다" 같은 말을 많이 듣는다. 그런데 다들 부모교육을 듣고 돌아오면 부모들은 절망한다. 왜 그럴까? 정작 강의자가 말한 핵심을 모르고 다들 당장의 행동만 바꾸려고 하기 때문이다. 나무의 건강 상태는 살펴보지 않으면서 열매가 맺어지지 않는다고 좌절하고 있는 것이다.

다시 말하지만 나의 자존감 수치가 자녀의 자존감 수치와 일치한다. 그렇다면 나의 자존감의 기초는 어디서 왔을까? 나의 부모이다. 나의 부모는 나를 어떻게 대했는가? 공감하고 존중하며 경청하고 질문했는가? 아니면 비판하고 조언하고 충고했는가? 아마 대부분은 본인이 부모에게서 대접받은 그대로 나의 자녀를 대하고 있을 확률이 높다. 그렇다면 나의 자존감을 먼저 높이는 것이 내 자녀의 자존감을 높이는 데 선행해야 할 순서일 것이다. 부모가 지금 상태 그대로인데 어떻게 자녀의 자존감을 높일 수 있을까? 하지만 나의 부모는 자존감이 낮았는데, 그러면 나는 어떻게 해야 한다는 말인가?

방법은 지금의 내가 과거의 나에게, 제2의 부모가 되어주는 것이다. 내가 현재 자녀에게 했던 방식으로 나도 그대로 양육을 당했었을 가능성이 크기에 아마 지금도 나 스스로의 내면에서 들리는 음성들은 스스로에게도 비판, 조언, 충고일 확률이 높다.

'부모로서 네가 이렇게 하면 되겠니?', '정말 한심하다', '정말 부족한 부모구나', '좀 더 열심히 해…'

실제로 많은 부모들이 이런 목소리에 시달리며 고통스러워하고 있다. 이제는 자기 자신을 다르게 대해주어야 한다. 내 마음의 소리에 진심으로 경청해주고, 나의 감정을 공감하며, 내가 원하는 것이 무엇인지 내 마음부터 살펴주어야 한다. 그리고 부모인 나 자신이 작은 성취를 시작하고 거기서 만족을 해나가기 시작해야 한다. 그러면 나의 자존감이 올라간다. 무엇보다 부모의 행복감이 올라간다. 그 행복감과 성취감으로 자녀를 바라보고 자녀도 자기 스스로를 바라볼 수 있도록 도와야 한다.

자녀는 '내'가 아님을 인식하는 데서
부모의 자존감은 회복된다

부모인 나의 마음은 어떠한가? 나는 어떤 감정을 느껴왔고, 나는 어떻게 살고 싶은가? 거기서부터 시작해야 한다. 나 자신이 걱정스럽고 불안하다면 자녀를 바라보는 눈도 걱정스럽고 불안할 것이다. "빨간 안경을 쓰면 세상이 빨간색으로 보인다"란 말이 있다. 내삶의 스토리를 점검해보고, 왜 내가 자녀를 그렇게 걱정하고 불안해하는지 내 안에 있는 걱정과 불안을 살펴보아야 한다.

자녀와 갈등이 불거지거나 자녀의 모습을 불안해하고 걱정하는이유의 대부분은 거의 나의 성장기에 있었던 사건으로부터 비롯된다. 내가 이런 성격을 가졌기에 이렇게 힘들었는데, 나의 분신 같은자녀가 나와 같은 모습을 가지고 있으니 너무나도 걱정되고 불안한 것이다. 그러나 자녀는 내가 아니다. 그런 과정을 겪은 내가 양육하고 보호하고 돌보는 아이이다. 또 나와는 다르게 태어난 다른존재이다.

이렇게 나의 내면을 돌아보는 일은 쉬운 일은 아니다. 공기처럼있는, 당연히 늘 걱정하고 불안하게 생각해왔던 부분이기에 혼자서는 객관화가 안 될 수 있다. 그런 경우 주위에 함께 이런 대화를나눌 수 있는 동료나 친구 더 나아가 상담과 코칭을 병행하면 나를객관화하고 내 안의 감정을 온전히 해소하는 것에 큰 도움이 될 수있다.

다시 말하지만, 나의 자존감 수치와 자녀의 자존감 수치는 같다. 그리고 이 자존감 수치는 변할 수 있다.

자녀의 자존감은 나의 자존감을 높이면 따라서 높아진다. 자녀를 바꾸어야겠다는 생각을 나의 자존감을 높이는 것으로 전환하자. 세상에서 내가 바꿀 수 있는 유일한 존재 '바로 나'의 자존감을 높여가자. 무엇보다 먼저 나의 자존감을 높이고, 더불어 자녀의 자존감까지 자연스럽게 높이기를 바란다.

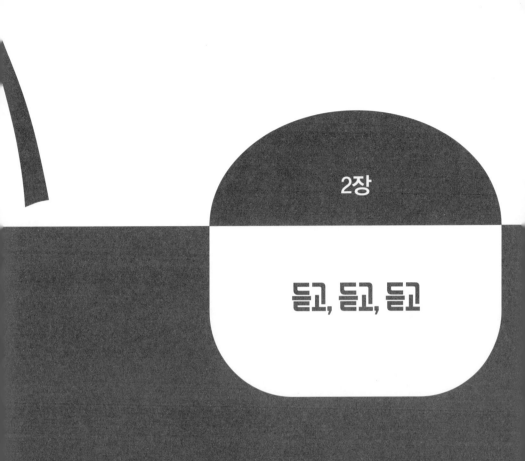

2장

듣고, 듣고, 듣고

경청이란 무엇인가? 01

만약 여러분이 누군가에게 사랑을 받기 원한다면 그 방법을 가르쳐 드리겠다.

만약 여러분이 누군가의 변화와 성장을 돕고 싶다면 그 방법을 가르쳐 드리겠다.

만약 여러분이 누군가에게 여러분의 깊은 사랑을 표현하고 싶다면 그 방법을 가르쳐 드리겠다.

그 방법은 그 누군가를 향한 진정한 경청이다.

누군가가 내 말을 들어준다는 것은 충격적인 경험이다. 그런 경우는 매우 드물기 때문이다. 다른 사람이 당신과 온전히 함께하고, 당신이 하는 모든 말에 관심을 보이며 적극적으로 공감할 때, 당신은 알아준다는 느낌, 이해받고 있다는 느낌을 받을 것이다.

코칭의 모든 것은 경청, 특히 고객의 마음속에 있는 문제를 듣는 것에 의존한다.'

미국의 권위있는 정신의학자인 모건 스콧 펙(Morgan Scott Peck)은 "진심으로 말을 들어주는 것만으로도 치료적 효과가 있다"고 했다.

모든 상담교육에서 처음 배우는 것, 그리고 그 기초는 경청이다. 뛰어난 상담가는 모두 경청을 늘 훈련하며 잘 경청한다. 실제로 비지시적 상담의 경우 상담시간이 1시간이라면 50분은 경청하라고 조언하기도 한다.

코치도 마찬가지이다. 코칭은 고객이 스스로 목표를 설정하고 달성하도록 돕는 것인데, 그 과정에서 경청과 질문이 중심이 되는 대화를 주요 도구로 사용한다. 즉 가장 중요한 기술 두 가지가 '경청'과 '질문'이며, 경청은 코칭의 기본이자 핵심적인 요소이다.

"사람들은 자신이 있는 그대로의 모습으로 받아들여지고 있다고 느낄 때만 변화에 대해 진지하게 고민한다."

(칼 로저스, 심리학자)

오랫동안 동안 경청에 관한 강의와 세미나 등을 인도하면서 종

종 이런 분들을 만날 때가 있다. "저는 경청 잘해요. 경청이요? 잘 들어주는 거 아닌가요? 그런데 제가 잘 들어 줘도 아무 일도 일어나지 않더라고요. 경청이 그렇게 중요하고 엄청난 힘이 있다고 하는데 아무리 경청을 해도 변화도 성장도 없어요."라고 말이다.

나는 감히 그런 분들께 "제가 말씀드리고 있는 경청은 당신이 생각하고 경청과 다르다"고 말하고 싶다.

그럼 지금부터 경청이 무엇인지, 경청의 어원과 뜻부터 알아보겠다.

경청

'경청'의 사전적 의미는 '귀를 기울여 듣는 것'이다.

경청을 한자로 풀이하면 '기울어질 경(傾)'자와 '들을 청(聽)'이다. 상대방의 말을 듣기 위하여 상대쪽으로 기울어지는 것이다. '들을 청'자는 6개의 한자로 구성되어 있는데, '귀 이(耳)', '임금 왕(王)', '열 십(十)', '눈 목(目)', '한 일(一)', '마음 심(心)'자가 조합되어 있다. 귀를 기울여 왕의 말을 듣는 것처럼(귀하게) 하고, 또는 왕이 재판을 할 때 귀 기울여 듣는 것처럼 듣고, 열 개의 눈(귀뿐만 아니라 눈도, 심지어 열 개의 눈)을 가지고 상대방을 주목하며 상대와 하나의 마음이 되는 것이다.

경청에서 내가 중요하게 생각하는 것들이 이 한 글자에 들어있는 것이 놀랍다.

경청은 듣는 것 이상이다. 공자는 말을 배우는 데는 2년이 걸리고 잘 듣는 것을 배우는 데는 60년(이순, 耳順)이 걸린다고 했다. 그만큼 듣는 것이 어려우며, 경청은 그저 되는 것이 아니라 배우고, 애써서 근육을 단련하듯 훈련해야 하는 것이다.

외국에서 몇 년째 생활 중인 친구에게 영어가 많이 늘었는지 물은 적이있다. 친구는 이제 하고 싶은 말을 어느 정도 하면서 살고 있는데 듣는 게 어렵다고 하였다. '영어로 말을 하는 게 어렵지…, 듣는 것은 그나마 쉽지 않을까?'하고 생각했는데, 그게 아니었다. 말하는 사람마다 억양도 빠르기도 다르고, 뉘앙스도 파악하며 듣느라 여전히 제대로 듣는 것은 어렵다는 것이었다.

정말 그렇다. 제대로 듣는 것은 어렵다. 심지어 말하는 사람마다 같은 단어를 다른 뜻으로 사용하기도 하니 말이다.

상담학에서 말하는 경청은 '상담자가 내담자의 이야기를 온몸으로 주의를 집중하여 듣는 것'이란 뜻을 가지고 있다. 상담사에게 가장 중요한 태도 중의 하나는 경청이며, 상담사는 내담자의 이야기를 온몸을 다해 주의를 집중하고 듣는 것을 훈련한다. 상담학의 권위자인 칼 로저스는 경청을 수동적으로 하는 것이 아니라 오히려 적극적인 행동이고 반응이라고 말하며, 적극적 경청이라는 말을 사용했다.

경청은 말만 듣는 것이 아니며 상대에게 모든 주의를 집중하여 그 가치를 보여주는 모든 행위를 말한다.

 경청은 망각이며 몰입이다

경청이란 내 생각을 내려놓고 상대의 말, 모습, 존재에 집중하여 듣는 모든 행위를 말한다. 경청의 시작은 내 생각을 내려놓고 상대에게 집중하는 것이다. 이는 종교에서 말하는 '관상'이라는 단어와 그 뜻이 비슷하다. 여기서 관상이란 '나를 잊고 대상에 몰입해서 바라보는 태도'를 의미한다. 관상적 태도는 '망각'과 '몰입' 두 가지로 이루어진다. '나'를 '망각'하고 '상대'에게 '몰입'하는 행위가 관상적 태도이다. 즉 종교에서 말하는 관상기도는 나를 망각하고 신이란 존재에게 완전히 몰입하는 것이다.

이를 기억하며 경청을 생각해보자. 경청은 말만 듣는 것이라고 생각하기 쉽다. 그러나 말뿐만 아니라 상대의 표정, 말투, 음성의 높고 낮음, 행동, 그리고 그 상대의 존재를 모두 집중해서 듣는 것이 진정한 경청이라고 할 수 있다.

즉 경청은 나를 내려놓고, 온전히 상대에게 몰입하여 상대의 존재 자체를 듣는 것이다.

경청의 중요성

첫 번째로 경청은 상대의 마음을 열고, 관계에 친밀함을 더한 다. 경청이 없는 대화는 비유하자면 성문이 열리지 않은 상대라는 성을 향해 화살을 쏘아대는 것과 같다고 말할 수 있다. 나의 말과 반응이 그저 상대의 성벽에 꽂히기만 하고 영향력을 주지 못하는 것이다. 경청은 상대의 깊은 마음의 문을 여는 행위이다.

두 번째로 경청은 상대와 오해와 논쟁을 줄이고 공감과 이해를 더해준다. 말은 자주 오해를 가져오고, 그 오해가 논쟁을 가져오기 도 한다. 논쟁은 필요 없는 낭비와 감정소모로 이어진다. 자신의 마음 안에 있는 사랑이 진정 상대에게도 사랑으로 전달되지 않는 것은 정말 안타까운 일이다. 먼저 충분히 경청하게 되면 상대의 상 황을 깊이 공감하게 되고, 이해하는 데에 큰 도움이 될 것이다. 먼 저 깊이 듣고, 듣고, 또 들어야 한다.

세 번째로 경청은 상대의 표면적인 말뿐 아니라, 마음 속 깊은 감정과 생각을 들을 수 있다.

"의사소통에서 제일 중요한 것은 상대방이 말하지 않은 소리를 듣는 것이다"라고 피터 드러커(미국의 경영학자)는 말했다. 사람들은 자신의 마음을 감추기 위해 자신도 모르게 다르게 말하는 경우가 있다. 지금 상황이 좋지 않지만 괜찮다고 말하기도 하고, 어떤 것을 원하지만 "원하지 않는다"고 말하기도 한다. 이런 부분이 소통과 관 계에서 어려움을 준다. 인간은 모두 어느 정도 의식적으로나 무의식적으로 자신의 깊은 마음을 감춘다는 현실을 받아들여야 한다. 그렇다면 우리는 온전한 소통을 하기 위해 어떻게 해야 할까? 다시 질문하고 다시 깊이 들어야 한다. 서로 이렇게 노력하는 것이 진정한 관계이다.

경청은 그 자체로 공감받고
사랑받음을 느끼게 해준다.

조신영, 반현찬 님의 《경청》이란 소설에서는 아래와 같은 내용이 나온다.

> "이야기를 들어달라고 하면 당신은 충고를 하지.
> 나는 그런 부탁을 한 적이 없어.
> 이야기를 들어달라고 하면
> 그런 식으로 생각하면 안 된다고 당신은 말하지.
> 당신은 내 마음을 짓뭉개지.
> 이야기를 들어 달라고 하면
> 나대신 문제를 해결해주려고 하지.
> 내가 원하는 것은 그런 것이 아니야.
> 들어주세요!
> 내가 원하는 것은 이것뿐. 아무말 하지 않아도 돼.
> 아무것도 해주지 않아도 좋아. 그저 내 얘기만 들어주면 돼."

(조신영, 박현찬, 《경청》, 2007)

당신의 삶 속에서 누군가가 나를 판단하지 않고, 내 말에 진지하게 귀 기울여 들어준 경험이 있는가? 그럴 때 어떤 감정을 느꼈는가? 그렇게 단 한 사람이라도 나와 함께 해준다면, 당신은 자신의 존재를 이해받고 공감받는다고 느낀다. 그리고 새로운 마음으로 세상을 보게 되고 다음 한 걸음을 걸을 수 있게 된다.

경청의 장애물

1) 나의 생각과 편견이다.

관계라는 것은 나의 삶과 다른 이의 삶이 만나는 작업이다. 전혀 다른 삶을 살아온 상대의 삶이 당장 몇 마디의 대화로 이해되고 공감될 수는 없다. 나와 다른 삶, 다른 존재를 만날 때 일단 내 생각과 편견을 내려놓고 상대의 입장에서 경청하는 노력이 필요하다. 어쩌면 우리는 영원히 상대를 이해할 수 없다. 다만 오해를 줄여간다고 생각하는 것이 맞을 것이다.

2) 빨리 해결하고자 하려는 마음이다.

경청하기 제일 어려운 상대는 누구일까? 사실 가장 경청을 해야 할 나의 가장 가까운 사람들이다. 자녀, 아내, 남편, 부모님, 연인,

친구 등…. 왜 그런 것일까? 상대를 너무 가깝게 생각해서 나와 동일시하거나 내 일로 생각하게 된다. 그래서 상대의 문제를 빨리 해결하고 처리해야 내 마음이 편하기 때문이다. 하지만 문제는 삶이 빨리 해결되지도 않고, 해결된다고 하더라도 상대가 원하지 않는 조언과 충고는 폭력이 될 수 있기에 서로의 관계 속에서 고통을 줄 수 있다.

3) 상대에 대한 무관심이다.

누군가에 대해 진심으로 관심과 호기심을 가지면 존중하게 되고 질문하게 된다. 이는 상대를 존경하고 사랑하면 나타나는 자연스러운 태도이다. 그래서 처음 누군가를 사랑하면 우리는 온전히 존중하고 사랑하려고 노력한다. 그러다 점점 편해지고 익숙해지면서 더이상 그 노력을 하지 않는다. 그래서 점점 갈등이 생기고 온전한 관계를 맺기 어려워지기도 한다. 우리는 무관심이란 습관을 넘어 상대에게 관심과 사랑을 주도록 늘 노력하고 계속 훈련해야 한다.

 경청의 방법

경청의 방법을 구체적으로 설명하려 한다.

1) 사실과 판단 구분하기

상대의 이야기를 들을 때 사실인지, 나의 판단이나 혹은 상대의 판단인지 구분하여 듣는다. 객관적인 사실을 근거로 참, 거짓이 구분이 가능하다면 그것은 사실이다.

예를 들어, "영희는 여학생이다. 영희는 중학생이다. 철수에게는 동생이 1명 있다. 철수는 이번 주에 지각을 두 번 했다." 등이 이에 속한다.

판단은 주관적인 가치로 참과 거짓 구별이 불가능하다.

예를 들어, "영희는 재밌는 친구다. 영희는 예쁘다. 철수는 잘 생겼다. 철수는 성격이 나쁘다." 등이 이에 속한다.

상대의 이야기를 들을 때 팩트와 의견을 체크하는 것은 중요한 일이다.

2) 멈춤과 침묵

멈춤이라는 여백과 침묵은 경청의 좋은 기술이다. 좋은 그림은 적절한 여백이 있는 구성을 지닌다. 상대방이 이야기할 때 중간 중간 멈추어 응답하지 말고, 침묵을 지켜보자. 그 곳이 상대방이 자신의 생각을 온전히 표현할 수 있는 공간이 된다.

3) 따라 하기

상대방의 말을 듣고 내용과 주요 키워드를 피드백하듯이 따라서 말해보자. 그러면 상대는 자신의 이야기를 잘 듣고 있다고 생각하게 되고, 말을 하는 자신도 집중하여 상대의 이야기를 잘 이해하고 있는지 확인할 수 있다. 예를 들어, 자녀가 방청소를 하지 못했다는 이야기를 할 때, '아~, 오늘 몸이 아파서 방 청소를 못했다는 말이지?' 이렇게 피드백하듯 상대의 이야기를 말한다면 내 이야기를 집중해서 듣고 있다고 느끼게 된다.

4) 집중하기

상대방이 하는 말에 집중하고 주의를 기울이자. 상대가 이야기를 할 때 다른 쪽을 본다거나 스마트폰 화면을 바라보지 말고, 상대와 눈을 마주치며 듣는 것이 중요하다. 또 상대를 보며 집중하는 척하면서 내가 할 질문을 생각한다거나 다른 생각을 하지 말아야 한다.

5) 질문하기

상대방의 이야기에 깊이 관심을 가지고 경청하며 질문을 한다. 상대방의 생각을 더 자세히 들을 수 있다.

상대의 이야기에 "그건 너에게 어떤 의미야? 왜 중요해?"와 같은 질문이 도움이 될 수 있다.

5) 감정, 의도, 탁월함 듣기

상대의 이야기를 들으며 말의 내용 뒤에 숨겨진 감정 상태, 숨겨진 의도, 상대방의 탁월함과 강점을 들어보자.

6) 감정 표현하기

상대방의 이야기에 감정적으로 공감하거나 이해한다는 표현을 해보자. 이는 상대방이 더 편안하게 이야기할 수 있도록 도와줄 수 있다.

7) 중요한 순간 기록하기

상대방의 이야기 들으며 중요한 내용이나 의견을 기록해두면 나중에 이를 기반으로 대화를 이어나갈 수 있다.

"경청은 그 자체로 치유를 줍니다."

(정신과 의사 오은영)

경청은 귀로만 듣는 것이 아니다 02

 공부를 안 하면서 잘하는 비법이 없듯이

공부를 잘하고 잘 가르쳐주어 '공부의 신'이란 별명을 가진 공부 선생님인 강성태 님은 공부를 잘하는 방법에 대해 묻는 학생들의 질문에 이렇게 답을 한 것이 화제가 되었던 적이 있다.

"여러분, 공부를 잘하고 싶으시죠? 그런데 가장 큰 문제가 있습니다. 그게 무엇인지 아세요? 그게 무엇이냐면⋯, 여러분들은 공부를 안 해요. 안 합니다. 안 한다니까요? 그런데⋯, 어떻게 공부를 잘할 수 있겠어요?"

나는 경청을 오랫동안 가르치고 훈련해오면서 경청을 잘하는 방법을 묻는 분들께 이렇게 답을 한다.

"경청을 잘하는 방법요? 경청을 잘하는 방법은 많습니다. 그런데 문제가 하나 있습니다. 우리는 '경청'을 안 합니다. 경청을 안 하는데…, 어떻게 경청을 잘할 수 있을까요?"

내가 이렇게 말하는 이유는 우리는 경청을 안 하면서 다른 것을 계속하고 있기 때문이다. 그것이 무엇일까? 그것은 바로 우리의 '생각'이다. 우리는 끊임없이 '생각'이란 것을 한다. 다른 이들이 말할 때 끊임없이 생각하고 분석한다. 그래서 자꾸 우리는 조언하고 충고하고 판단하게 된다.

 나는 나의 경청 방식에 대해
얼마나 착각하고 있을까

보통 부모들을 만나면 자신들이 경청을 잘하고 있다고 생각한다. "이미 잘 들어주고 충분히 들어주고 있는데 어떻게 더 경청을 하나요?" 이렇게 생각하는 부모라면 아래의 내용을 살펴보고 자신역시 이런 방식으로 경청한 적이 있는지 한번 체크해보자.

1	착하고 친절하고 훌륭한 사람처럼 보이려고 적당히 하는 행동	
2	상대에게 집중하지 않고 딴짓하면서 듣는 행동	
3	상대의 말을 자기 식으로 해석해서 영향을 주려고 하는 행동	
4	자기가 옳다는 것을 증명하기 위해 반격을 가할 허점을 찾아내는 행동	
5	특정 정보를 찾아내기 위해 다른 것을 무시하는 행동	
6	다음에 무슨 말을 해야 할지 준비하는 행동	
7	석고상처럼 입을 꾹 다물고 가만히 있는 행동	

〈내 마음대로 경청표〉

이 표는 〈내 마음대로 경청표〉이다. 각자 자신에게 해당하는 곳에 체크해 보자. 그동안 이런 내용과 마음가짐으로 경청했다면 그것은 잘못된 경청이다. 자신에게 해당하는 항목이 많을수록 자기 마음대로 경청을 했다는 방증이므로, 해당 체크 리스트를 보고 자신의 경청 태도를 점검해볼 수 있다.

실제로 내가 진행하는 경청 세미나에서는 위의 내용 중 자신이 가장 '자신 있게 하는' 행동 항목에 체크를 한다. 그리고 2명씩을 짝을 지어 서로 자신이 현재 스트레스를 받고 있는 상황이나 현재 자신이 처한 가장 큰 걱정거리를 이야기하게 한다. 그런 다음에는 각자가 가장 '자신 있게 자주' 하는 경청의 방식으로 상대가 경청하도록 한다.

예를 들어, 내가 2번 항목, '상대에게 집중하지 않고 딴짓하면서 듣는 행동'과 3번 항목 '상대의 말을 자기 식으로 해석해서 영향을 주려고 하는 행동'을 잘한다면 내가 내 스트레스나 걱정을 상대에게 털어놓을 때 내 앞에 앉은 상대가 일부러 딴청을 피우고 자기 식대로 일방적으로 조언을 해주는 식이다.

이런 연습을 해보면, 재미있게도 연습임을 알고 하는데도 실제로 화가 나고 짜증이 올라온다. 내 심경과 마음을 이야기하는데 상대가 집중하기는커녕 스마트폰만 들여다보며 스크롤을 올리고 있다든지 다른 사람과 카톡을 하느라 건성으로 듣는다. 또 자꾸 맥락에 어긋나게 자기 식대로 조언 같지 않은 조언을 해주면 상대가 얄미워지기 시작하는 것이다. 어떤 분들은 "와, 연습인데도 정말 화가 나네요" 하면서 실소하는 참가자도 있다.

본인은 경청을 잘하고 있다고 생각했지만 막상 본인 스스로 한다고 체크한 방식으로 타인이 나를 경청을 했을 때 비로소 깨닫게 된다.

'아, 그동안 내가 한 것은 경청이 아니었구나. 나는 경청을 잘못했구나.'

부모들은 스스로 경청을 잘하고 있었다고 생각하지만 막상 자신의 방식대로 누군가가 자신을 대한다고 생각해보라. 혹은 자신의 부모가 이렇게 자신을 대한다고 생각해보라. 역지사지(易地思之), 상대편과 입장을 바꾸어 생각하면 그때 알게 된다. 자녀에게 내가 하는 경청 방식을 내가 그대로 돌려받는다면 어떤 느낌일지, 만약 존중받는 느낌이 들지 않고, 기분이 좋지 않겠다는 생각이 든다면 당장 지금까지의 방식을 멈추어야 한다.

혹 이 글을 읽으면서도 '부모니까 그럴 수 있는 것이지' 생각하는 분이 계신가? 만약 그렇게 생각하는 부모가 있을지라도 마음속 깊이에서는 '사실 그렇지 않다'라는 것을 느끼고 있을 것이다.

 '부모니까 팬찮아'는 없다

황금률(黃金律)이란 말이 있다. 인간 행동의 원칙의 하나로, '다른 사람이 자신에게 해주었으면 하는 대로 상대에게 하라'는 뜻이다. 내 자녀가 성장했을 때 어떻게 돌려받고 싶은가? 내 자녀가 지금 내가 자녀에게 하는 그대로 나에게 해준다면 어떨 것 같은가? 그렇게 상상해본다면, 지금 당장 자녀에게 하는 내 행동과 말을 조심하게 될 것이다. 만일 내가 자녀에게 하는 행위가 내 마음에 비추어 충분하지 않다면, 지금 당장 변해야 한다. '부모니까 괜찮아!', '내 자녀니까 괜찮아!'라는 말로 합리화하지 말자. 곧 나에게 부메랑처럼 돌아올 것을 우리는 이미 직감하고 있다.

사랑이란 이름으로 상대를 함부로 대하는 것은 이제 그만해야 한다. 예의 없는 사랑은 폭력적이다. 지금 내 앞에 대통령이 와 있다면 나는 어떻게 행동할까? 그에게 함부로 조언하고 충고할까? 아니면 존중하고 경청하고 질문할까? 우리에게 주어진 보물 같은 자녀! 내 목숨과도 바꿀 수 있는 자녀에게 우리는 왜 그렇게 함부로 대하는 것일까? 존중한다면 이제 듣고 질문해야 한다. 자녀를 존중한다면 자녀도 우리를 존중할 것이다.

자녀를 믿어주면 자녀도 우리를 믿어줄 것이다. 자녀의 이야기를 잘 들어준다면. 자녀도 부모의 이야기를 잘 들어줄 것이다.

잘 듣는다는 것은 상대에게 진정 호기심을 가지고 깊이 집중하는 것을 말한다. 하루에 단 10분이라도 자녀에게 호기심을 가지고 깊이 집중해서 묻고 답해보자.

그렇다면 경청은 어떻게 해야 하는 것일까?

흔히 말만 잘 들어주는 것을 경청으로 착각하는 이들이 많다.

하지만 경청은 그 이후가 더 중요하다. 말을 잘 들어준다는 의미는, 그 말에 담긴 뜻, 마음을 받아준다는 의미다. 더 나아가, 상대를 존중한다는 의미다. 진정한 경청은 상대에 대한 열린 호기심으로 존중하며 함께한다는 것이다. 경청한다고 해서 상대의 모든 말을 다 수용하고 받아들이는 것은 아니다. 그저 상대가 그렇게 생각하고 느낄 수 있다는 것을 '그럴 수 있지~, 그렇게 느낄 수 있지' 하며 인정하는 것이다. 상대를 어떤 행동의 결과가 아닌, 존재 그대로 함께 있어주는 것이 경청의 마지막 단계이다. 한 사람의 인간 존재 그대로 사랑하고 안아주는 것 그것이 진정한 경청의 자세이다.

상대를 안아주는 경청을 하라

짧은 시간일지라도 진심으로 집중한다면
아이들은 알아준다

부모들과 이야기를 하다 보면 늘 듣는 말이 이것이다.

"아이의 이야기를 언제까지 듣고 있어야 하나요? 저도 할 일도 많고 힘들답니다."

부모의 입장에서 나도 이해가 안 가는 것은 아니다. 초등생 자녀를 둔 나 역시 아이들이 끊임없이 있었던 일과를 이야기하고 또 함께 놀자고 요구하는 것이 가끔은 버겁기도 하다. 이 글을 쓰는 요즘은 방학 때이다. 그 말인즉슨, 아이들이 언제든지 아빠와 엄마를 찾아와 자신의 이야기를 할 준비가 되어있다는 것이다. 집 안에서 글을 쓰거나, 작업하는 시간이 많은 나는 매일 내 방 문 앞에서 자신의 이야기를 하길 기다리는 아들에게 이렇게 이야기를 해준다.

"아들, 아빠에게 할 이야기가 있구나! 미안한데… 오늘은 아빠가 하루 종일 일을 해야 해. 대신 아빠랑 저녁 5시부터 7시까지는 이야기 나누자. 그때까지 오늘 아들 할 일들을 다 마쳐놓으면 어때?"

그러면 아들은 잠시 서운한 듯이 "응!" 하지만 그때를 기다리며 자신의 할 일을 마쳐 놓고, 또 수많은 혼자 놀기 방법들을 개발하여 즐겁게 놀고 있다. 대신 5시부터 7시까지는 정말 전심으로 아이의 이야기를 듣고 함께해야 한다. 그 시간에는 전화통화나 다른 작업은 금지다. 짧은 시간이라도 정말 집중해서 아이들과 함께하면 아이들은 부모가 자신을 진정 사랑하고 함께한다고 느낀다.

한 세미나에 온 아버지는 이 방법을 듣고 집에 가서 자신의 아들에게 실행했는데, 너무 좋았다고 이야기를 해주었다. 평소 주말까지 너무 바빠서 자녀와 함께하지 못해 항상 마음이 좋지 못했는데, 그 주말에는 짧은 시간이지만 30분을 자녀와 함께하니 자녀의 얼굴이 몰라보게 밝아졌다는 것이다.

주중에 계속 함께하지만 제대로 아이와 시간을 못 보낸 부모보다, 주말에 집중해서 함께한 부모에 대해 더 깊은 사랑을 느낀다는 연구결과가 있다. 아이들과 부모가 자신과 하루 종일 함께 못한다는 것을 너무나 잘 알고 있다. 짧은 시간이라도 전심으로 자녀의 이야기를 들으며 함께하자.

아이들과 이야기를 나누다 보면 이해가 안 되고 황당한 주제의 이야기를 할 때가 많다. 꿈을 물어보면 마블의 주인공이 되고 싶다는 것은 애교이고, '포켓몬'이 되고 싶다고 말하는 아이도 있다. 심지어 어떤 부모는 아들이 '좀비'가 되고 싶다고 했다며 정말 화가 머리끝까지 나서 힘들다고 하기도 한다. "죽지 않고 계속 살아있는 괴물이 되고 싶다니, 이게 말이 되나요? 정말 대화하고 싶지 않아요." 그 부모는 이렇게 토로했다.

이처럼 아이들의 이야기를 듣느라 머리가 아프고 힘든 부모들을 위한 경청 방법을 이야기하려고 한다.

먼저 이 책을 읽는 이 순간 머릿속으로 자녀의 아기 때 모습을 떠올려보라. 그리고 한번 사랑의 마음으로 아이를 꼭 안아주는 상상을 해보라. 내 자녀의 아기 때를 상상하며 꼭 안아주었는가? 혹시 아직 자녀가 없다면 사랑하는 이를 상상하며 꼭 안아주어보자.

상대를 안아주는 상상을 한 이들에게 한 가지 묻고 싶다. 혹시 이렇게 상대를 안아줄 때 '순서를 생각하면서' 안아주었는가? 다시 말하면, 생각을 많이 하면서 안아주었냐 하는 것이다. 이를테면 '자녀의 등 뒤에 손을 올리고 아이에 왼쪽 볼에 나의 얼굴에 비비고, 상대를 내 가슴에 잡아당긴 다음…'처럼 머릿속에 안아주는 것을 조립식 장난감을 순서대로 맞추듯 상상한 사람은 아마 거의 없을 것이다.

내가 경청 강의를 하며 이 이야기를 청소년들이 모인 자리에서 하니 "변태세요?"라는 말을 들었다. 이렇듯 우리는 머리를 많이 써서 상대를 안아주지 않는다. 그저 마음으로 안아준다. 경청을 이야기하며 포옹을 이야기한 이유는 경청도 포옹과 상당히 비슷하기 때문이다.

우리는 보통 머리를 사용해서 상대의 말을 듣는 법은 잘 훈련되어 있다. 물론 상대의 말을 분석하고, 판단하고, 조언하고, 의견을 나누고 가르치려면 머리를 많이 사용해야 한다. 그런데 감정을 나누거나 함께 마음을 나누려는 때에 머리를 사용하면 문제가 생긴다. 상대는 내가 머리를 사용하길 원치 않았다. 그저 들어주길 원했는데 자꾸 문제를 해결하려 한다든지 나에게 조언을 한다.

부부 세미나를 진행하며 많이 나온 사례가 있다. 아내가 회사에서 돌아와 남편에게 회사에서 힘들었던 이야기를 나누면 남편은 자꾸 해결책을 제시하거나 심지어 화를 내며 '그만둬' 등의 말을 한다는 것이다. 그럼 아내는 상처를 받고 자신의 마음 이야기를 남편에게 안 하게 된다는 것이다. 이때 아내는 남편에게 무엇을 바랐을까? 남편이 머리를 사용해 이야기의 해결책을 알려주기를 원했을까, 아니면 그저 마음으로 안아주길 원했을까.

경청은 말만 듣는 것이 아니라 상대의 존재를 안아주는 것

자녀가 이야기를 할 때 그저 안아준다고 생각을 해보자. 한번 생각과 판단을 내려놓고 그저 아이를 안아준다고 생각하고 경청해보라. 우리 자녀가 아주 작은 존재인 아기였을 때는 어떻게 했는가? 어떤 판단과 기대 없이 그저 안아주지 않았던가? 그 판단과 생각을 내려놓은 포옹이 우리에게 주는 기쁨이 얼마나 컸는가? 지금은 왜 그렇게 안아주지 못하는가? 그것은 바로 우리가 자꾸 머리를 쓰기 때문이다.

그저 안아주고 함께한다고 생각해보자. 부모라는 역할, 그 짐과 책임을 내려놓고 'OOO'라는 이름을 가진 존재 대 존재로 함께 있어 보자. 그럼 나 자신이 먼저 편안함을 느끼게 될 것이고, 편안함을 느끼는 부모 안에서 자녀도 더욱 편안함을 느끼게 될 것이다.

정신과 전문의이자 작가인 정혜신 님은 "상대가 원하지 않는 충고, 조언, 평가, 판단은 폭력"이라고 했다. 우리는 살면서 얼마나 많은 폭력을 당하고 사는가? 그리고 나도 모르게 얼마나 많은 폭력을 행하고 있는가? 생각해보자.

경청은 상대에게 호기심을 가지는 것

UCLA 교수인 앨버트 메라비언(Albert Mehrabian)은 '경청한다는 말은 상대의 이야기에 귀를 기울이는 것뿐 아니라 상대가 체험한 세계에 호기심을 보이고 특별하게 의식한다는 의미'라고 말했다. 우리 자녀의 모든 말과 행동에 호기심을 가지고 질문하고 경청해주자. 자녀가 태어났을 때 우리는 너무나 신비로웠다. 우리 아이가 고개만 세워도 박수를 치고, 걸어가기 위해 잠깐 발걸음을 떼도 우리는 환호하며 행복했다. 내 자녀에 대한 호기심을 가지고 물어봐주자.

이때 쓰면 좋을 질문이 있어 소개한다. (이 질문에 대해서는 4장 질문편에서 더 구체적으로 다루겠다). 아이가 뭔가를 이야기했을 때는 다시 이렇게 물어봐주자.

"그 말의 의미는 뭐야? 우리 (아들)딸에게 왜 그렇게 중요해?"

예를 들면, "나 학교 그만두고 자퇴할까?"라고 자녀가 이야기를 한다면 화를 내거나 설명하려 하지 말고 일단 이렇게 질문해보라.(이때 화를 내거나 설명을 해봤자 소용없을 것이니)

"아, 자퇴하고 싶어? OO에게 자퇴는 어떤 의미야? 왜 중요해?"

이렇게 설명하면 자녀가 자신의 이야기를 할 것이다. 예를 들면, "나 공부 그만 하고 돈이나 벌어볼까?" 그렇게 이야기를 하면 "아 그래? 돈 버는 것은 어떤 의미야? 왜 그렇게 하고 싶어?" 자녀가 어떤 말을 하더라도 계속 의미, 중요함, 이유를 물어봐주다 보면 자녀가 스스로 정리를 해나갈 것이다. 그럼 아이의 깊은 마음과 깊은 감정과 상황을 듣게 될 것이다. 그리고 "아, 그렇구나. OO가 이렇게 생각하는구나. 말해줘서 고마워. 아빠(엄마)의 의견도 한번 이야기

해도 괜찮을까?" 정도로 이야기를 나누어보라. 그러면 자녀와의 마음이 연결되고 자녀는 부모가 자신을 이해하고 공감한다고 생각하고 부모의 의견도 마음을 열고 들을 것이다.

04 | 아이 말에 숨은
3요소를 같이 들어라

 감정, 의도, 탁월함을 듣는 것이 경청이다

학부모와 상담을 하거나 경청 관련 강연을 나가보면, 청중으로 부터 '경청이 말을 듣는 것이 아니라고요?'란 질문을 많이 받는다.

말만 듣지 않고 우리는 무엇을 들어야 할까? 말 뒤에 숨은 감정, 의도, 탁월함(특징)을 들어야 한다. 그렇다면 어떻게 듣는 것이 감정, 의도, 탁월함까지 듣는다는 것일까? 하나씩 살펴보자.

첫째, 경청은 '감정'을 듣는 것이다.

행동심리학에 따르면 인간은 우리의 생각보다 훨씬 감정적이고 감성적인 동물이라고 한다. 그래서 인간은 어떤 결정을 할 때 이성 적으로 선택해서 결정하는 것 같지만 사실은 그때의 감정에 따라 결정한다고 한다. 그래서 경청을 할 때 그 사람의 감정을 듣는 것이 매우 중요하다. 만약 상대가 '좋아'라고 말은 하지만 표정이나 말투에서는 사실 싫다고 거부하는 게 느껴질 때가 있다. 이때 상대의 '좋다'는 단어에만 집중해 듣는다면 이는 상대의 본심을 착각하는 셈이다. 인간은 감정적이고 감성적 동물이므로, 말 뒤에 있는 감정을 함께, 어떨 때는 말보다 먼저 들어야 한다.

둘째, 진짜 '의도'를 듣는 것이 경청이다.

현대 경영학의 아버지라 불리는 피터 드러커는 "의사소통에서 제일 중요한 것은 상대방이 말하지 않은 소리를 듣는 것이다"라고 했다.

우리는 말을 할 때, 말만 하는 것이 아니라 표정, 몸짓, 목소리 톤 등등 다양한 방법으로 자신을 표현한다. 말이 없는 침묵, 여러 몸짓과 움직임, 얼굴 표정, 또 그 이면의 많은 것들을 통해 상대의 메시지를 들을 수 있다. 예를 들어, "나, 학교 가기 싫어"를 그대로 말로만 듣고 부모들이 이렇게 답한다. "너, 학교 안 가고 뭐 하려고?", "그래도 고등학교는 졸업해야지". 이렇게 답을 하면 더 이상 자녀와 대화가 이어지지 않는다. "나 학교가기 싫어"란 말 안에는 말하지 않은 어떤 의도가 숨어 있을까? '나 학교에서 친구들과 힘들어', '성적이 안 나와', '몸이 피곤해' 등 상황과 처지에 따른 다양한 의미가 함의되어 있을 것이다.

부모라면 이런 상황을 듣고 확인하기 위한 세심한 질문과 경청의 반복이 필요하다. 어떤 경우는 문자 그대로 '학교에 가기 싫어'란 말을 통해 엄마가 자신의 감정을 알아주기를 원하는 의도가 있을 수도 있다. 그 어떤 경우든, 진짜 의도를 듣는 것이 매우 중요하다.

셋째, 경청은 아이의 '탁월함'을 듣는 것이다.

여기서 말하는 탁월함이란 상대가 가진 특징, 자원, 성격, 재능 등을 말한다. 우리는 보통 상대의 약점을 파악하거나 부족한 것을 파악하려고 노력하는 습관이 있다. 그런데 없는 것에서 없는 것을 찾으면 계속 없을 것이다. 많은 것이 없더라도 단 한가지 나의 아이가 가진 것은 무엇인가? 내 자녀가 가진 좋은 성격은 무엇인가? 재능은 무엇인가? 그래도 가지고 있는 자원들은 무엇인가? 더 나아가 어떤 특징에는 장점과 약점이 동시에 존재한다. 외향적인 아이는 한 명 한 명 깊이 친해지고 알아가는 것에 부족할 것이고, 내향적인 아이는 많은 친구들은 사귀지 못하지만 몇몇 친구들과 깊이 친하게 지낼 것이다. 성격이 진취적인 아이들은 리더십은 있지만 다른 아이들을 모두 배려하지는 못할 것이고, 우유부단하다고 느껴질지 모르는 친구는 사실 다른 친구들을 많이 배려하고 있는지도 모른다. 먼저 자녀의 특징을 찾고 장점과 단점을 골고루, 공평하게 생각해보자.

아이들의 말을 곧이곧대로 받아들으면 안 된다

오래전 필자가 코칭하던 A의 이야기이다. A는 흔히 우리가 말하는 중2 남학생들과는 좀 다르게 약속도 잘 지키고 배려심도 깊은 그런 친구였다. 이 친구에게는 B라는 친구가 있었다. B는 A가 느끼기에 같이 놀면 재미 있는 친구여서 좋았다. 약간 생각이 없는 것 같고, A의 용돈을 더 많이 쓰게 하기도 하고 시간 약속도 잘 안 지켰지만, A는 B와 함께 놀면 즐겁고 재밌었기에 그냥 참고 넘어가고 있었다.

그런데 어느 날 A가 머리끝까지 화나는 일이 있었다. 날씨가 아주 추운 날이었다. A는 B와 함께 놀기로 약속했기에 시간을 맞춰 약속 장소에 나가 있었다. 그런데 그날 B는 한 시간이 넘도록 약속 장소에 도착하지 않았고, 알고 보니 A와의 약속을 잊고, 다른 친구와 PC방에서 놀고 있었다. A는 그동안 B에게 참고 참았던 것이 폭발했다.

집에 들어온 A는 화가 나서 엄마에게 이렇게 이야기를 했다. "엄마! 나 B하고 다시는 안 놀 거야. 엄마가 B의 엄마한테 그냥 한소리 해주면 좋겠네." 이 말을 들은 A의 엄마도 화가 났다. B의 행동이 평소에 마음에 들지 않았지만 A가 좋아해서 참고 있었는데 마침 '일'이 생긴 것이다. A의 엄마는 '이때다' 하고 B의 엄마에게 전화를 했다. 한참을 B 어머니와 통화를 한 A의 엄마는 후련해진 마음으로 A에게 가서 이야기했다. '아들! 엄마가 B의 엄마하고 통화를 했어" 그랬더니 A는 엄마에게 뭐라고 했을까?

"엄마 미쳤어?"

갑자기 태도가 돌변한 A의 반응에 당황한 엄마는 A에게 되물었다.

"네가 그렇게 해달라고 말했잖아?"

"아니, 말이 그렇다는 거지 진짜로 전화를 걸면 어떡해? 아, 미치겠네."

그 뒤로 어머니는 A를 달래는 일도 하고, 또 B와 아들이 다시 잘 지내도록 돕기 위해 노력하는 여러 가지 힘든 상황에 빠졌다.

 경청의 3요소를 듣는다면

이 대화는 A의 어머니께서 A의 말만 들었기에 생겨난 안타까운 일이다. 그렇다면 이제 실습을 해보자. 이제 여러분은 상대의 말뿐만이 아니라 감정과 의도와 탁월함을 들어야 한다.

먼저 A의 감정을 들어보자. "엄마! 나 B하고 다시는 안 놀 거야. 엄마가 B의 엄마한테 그냥 한소리 해주면 좋겠네"라고 했을 때 A의 감정은 '화남, 서운함, 짜증, 슬픔' 등일 것이다. 그리고 의도는 'B랑 다시는 안 놀겠다'와 'B에게 화가 났지만 앞으로는 오늘처럼 바람맞지 않고 잘 놀고 싶다' 사이에서 왔다 갔다 하는 것일 것이다. 탁월함의 요소는 '배려심, 이해심, 신뢰, 시간약속 지키기'를 꼽을 수 있을 것이다.

이렇게 3가지 요소를 다 포함해서 A의 말을 들어보니 어떤가? 다르지 않은가? 만약 A군의 어머니가 A의 말만 듣지 않고 감정, 의도까지 듣고 거기에서 '탁월함'의 요소까지 끄집어낼 수 있었다면 이후 이야기는 전혀 다르게 전개가 되었을 것이다.

 Don't Ask(talk), Just Listen!

자녀에게 무엇인가를 말해주고 직접 행동해야 사랑하는 것이라고 생각하는 부모가 많다. 맞다. 그것도 사랑의 한 부분이다. 그런데 사랑의 큰 부분 중 하나는 그저 함께 있어주는 것이다. 우리가 연인이나 친구에게 가장 사랑받는다고 느낄 때는 언제인가? 내 감정과 행동이 어떠하든지 그저 나의 이야기에 집중해주고 나와 함께 있을 때 아니겠는가? 수많은 부모와 자녀를 만나면서 진정으로 안타까운 것은 부모가 정말 많은 부분 자녀를 위해 노력하고 수고하고는 있지만 자녀는 그것을 사랑으로 느끼지 못한다는 것이다. 자녀는 부모가 자신의 이야기를 들어주길 원하고, 자신의 마음을 알아주길 원할 때가 많은데 부모는 막상 그렇게 하지 않고 훈육으로 대할 때가 많다. 지금도 어쩌면 이 책을 읽고 있는 여러분은 충분히 자녀를 위해 노력하고 있는지 모른다. 이제는 조금은 더 자녀와 있는 그대로 함께하고 그들의 이야기를 들어주기를 노력해보면 어떨까?

05 | 경청은 정말 강력하다

 그저 들어주었을 뿐인데

　나와 코칭을 진행하던 지안(가명)이라는 고등학생이 있었다. 그 친구는 자퇴를 하고 대학입시를 준비하고 있었는데 오랫동안 두통과 불면증으로 고생을 하고 있었고 정신과 약을 복용 중이었다. 그동안 여러 방면으로 노력해 왔지만 증상은 점점 악화되고 있었고 복용하는 약의 양도 점점 많아졌다. 그러던 그 친구가 코칭을 진행하면서 마음껏 자신의 이야기를 나누기 시작했다. 지안이는 성격이 빠르고, 세심하고 예민했다. 그래서 자신의 생각과 감정들, 하고 싶은 이야기가 정말 많았다. 대부분 난 간단한 질문으로 코칭을 시작했고, 거의 모든 시간 지안이가 이야기를 했다.

　지안이는 코칭 시간에 과거에 있었던 기억과 그 기억에 얽힌 감정들을 나누기 시작했다. 매주 울고 웃고, 슬퍼하고 우울해하고, 불안해하고 즐거워하였다. 내가 했던 것은 그저 마음껏 감정들을 느끼고 생각을 이야기할 수 있도록 안전한 심리적인 공간이 되어준 것뿐이다. 그렇게 1년 정도가 지났을까? 지안이는 누가 봐도 알 수 있을 만큼 심리적으로 안정되었고, 의사의 진단과 처방에 따라 점차 약을 줄여 3년 뒤에는 먹던 약들을 완전히 끊었다.(노파심에 말하지만 정신과 진단 후 처방받는 약은 반드시 필요하며, 그 처방과 복용은 반드시 의사의 지시에 따라야 한다). 그저 마음껏 이야기하고, 누군가 경청했을 뿐인데, 두통과 불면증은 몰라보게 좋아졌으며, 마음이 안정되자 무언가를 할 수 있는 의욕도 생겨났다.

인간 중심 치료의 창시자이자 미국의 심리학자 칼 로저스(Carl Rogers, 1902~1987)는 "어떤 사람이 나를 판단하지 않고, 나를 책임지려 하거나 나에게 영향을 미치려 하지 않으면서 내 말에 진지하게 귀 기울여 들어줄 때는 정말 기분이 좋다. 누군가 내 이야기를 듣고 나를 이해해주면, 나는 새로운 눈으로 세상을 다시 보게 되어 앞으로 나아갈 수 있다. 누군가가 진정으로 들어주면 암담해 보이던 일도 해결 방법을 찾을 수 있다는 것은 정말 놀라운 일이다. 해결의 실마리가 보이지 않던 일도 누군가가 잘 들어주면 마치 맑은 시냇물 흐르듯 풀리곤 한다"라고 말했다. 이처럼 경청은 한 사람의 정신뿐 아니라 몸의 회복까지 도울 정도로 강력하다.

상대의 지갑까지 여는 경청의 능력

경청이 얼마나 큰 힘이 있는지 알려면 경청이 어디에서 가장 많이 쓰이고 있는지 알면 된다. 경청은 인간의 정신이나 마음이 중요한 종교계나 교육계에서 가장 많이 쓰이고, 가르쳐왔을 것 같지만 사실 그렇지 않다. 과거도 그랬고 현재도 가장 경청을 강조하는 곳을 비즈니스 산업이다. 세일즈, 보험판매 쪽에서 경청을 중요하게 여긴다. 중요하게 가르칠 뿐 아니라 배우는 사람들도 열정적으로 습득하고 훈련한다. 왜냐하면 물건을 판매할 때, 물건에 대한 장황한 설명이나 칭찬을 해도 사람들이 물건을 사지 않는데, 상대의 이야기를 잘 들어주면 사람들이 물건을 사기 때문이다.

미국의 자동차 판매왕 조 지라드(Joe Girard, 1928~2019)는 "당신의 능력을 알리기 위해 고객에게 많은 말을 할 필요는 없다. 성공적인 영업의 비결은 귀는 80%, 입은 20% 사용하는 것이다"라고 말했다고 한다. 그만큼 경청이 상대의 지갑을 열만큼 상대의 마음을 얻는 데 효과적이기 때문이다. 우리는 부모로서 우리 자녀에게 무엇을 판매하려는 것이 아니다. 진정 부모의 사랑이 자녀에게 전달되게끔 노력하는 것인데 경청을 안 할 이유가 전혀 없다.

경청은 적극적인 행위다

"그런데 그냥 들어주는 것으로 다인가요? 그래도 왠지 가만히 있지만 말고 뭔가 해주어야 하지 않을까요?"

경청 강의를 하고 나면 꽤 자주 받는 질문이다. '그래도 내가 부모인데 가만히 경청만 해서 되겠느냐?'라는 말이다. '자녀가 힘들어하고 문제가 있는데 듣기만 해서 되겠느냐?'란 말이다. 이 말은 반은 맞고 반은 틀렸다. 경청은 가만히 있는 무책임한 방관적 행위가 아니다. 오히려 적극적인 관심이며 상대를 제대로 이해하고 돕기 위한 첫걸음이다. 위와 같은 질문을 하는 분들은 대개 성격이 급하고, 자신감이 넘치며, 에너지가 많은 분들일 가능성이 크다. 이런 분들은 뭔가를 듣고 기다리는 것보다는 자신이 뭔가 말을 해주거나 직접 나서서 해결해주는 것을 즐겨한다. 그래서 경청을 답답하거나 가만히 있는 것으로 생각하는 것이다.

그런데 여기서 문제를 해결한다는 것은 무엇인가? 진짜 자녀를 위한 행위는 무엇인가? "자녀 양육의 목적은 자녀의 자립이다"라는 말을 정신과 전문의인 오은영 박사가 하였다. 그렇다. 양육의 진정한 목적은 부모인 내가 해결해주는 것이 아닌 자녀의 자립이다. 즉 자녀가 스스로 자신의 감정을 느끼고, 그 문제를 직시하고, 스스로 해결하도록 돕는 것이다. 언제까지 부모가 해결해 줄 것인가? 그리고 그 해결은 오히려 자녀의 근본적인 자립을 어렵게 만들 수도 있다는 것을 생각해봐야 한다. 자녀의 자립을 돕는 첫걸음은 자녀의 존재를 인정하고 기다려주는 경청이다. 그렇게 한 다른 존재가 스스로 감정을 정리하고, 그 문제를 털어놓고 직시하도록 돕는 공간, 즉 그런 안전한 공간을 만드는 사람이 부모이고, 그것이 부모의 진정한 역할이라고 할 수 있다.

그저 경청을 해보자

나의 첫째 자녀는 매우 활동적이고 몸을 움직이는 것을 좋아하는 아이였다. 그래서 활동이 많은 유치원에 다닐 때는 무척 즐거워했다. 그런데 문제는 첫째가 초등학교 1학년에 입학하고 시작되었다. 아이는 초등학교가 지루하다고 느꼈다. 수업시간도 길고, 수업시간 내내 자리에 앉아 있어야 한다는 것이 재미없다고 생각한 것같다. 그래서 집에 오면 매일 "나 학교 재미없어! 안 다니고 싶어"라는 말을 반복했다.

솔직히 아빠로서는 "그래도 열심히 적응해야지. 곧 괜찮아질 거야. 그래도 학교는 가야지"라는 조언을 하고 싶었다. 더 나아가 화가 나서 혼을 내주고 싶기도 했다. 아이가 학교에서 잘 적응했으면하는 나의 조바심이 오히려 더 조언하고 훈육하고 싶었을지 모르겠다. 그럼에도 그래도 내가 경청 전문가 아닌가? 정말 목구멍까지 차오른 하고 싶은 말들, 많고 많은 말들을 역도 선수가 역기를 당기듯 끌어당겨 내리고 딸에게 이렇게 이야기 해주었다.

"아~, 우리 딸 학교 가기 싫구나. 지루하구나. 오늘도 학교 다녀오느라 수고했어."

이렇게 거의 한 학기를 보낸 것 같다. 나라고 쉬웠을까? 아니, 정말 쉽지 않았다. 솔직히 학교에서 무슨 일이 있나 걱정도 되었다.

그런데 지금의 딸은 어떻겠는가? 대부분의 부모님들이 예상하듯이 학교생활에 매우 잘 적응하여 오히려 학교에 가지 않는 날에 심심해 한다. 이제는 학교에서 온갖 활동을 하는 것을 너무나 좋아하고, 진행되는 행사마다 참여하며, 전교 부회장에 출마해서 당선되기도 했다. 딸의 담임 선생님의 이야기를 들어보니 규칙을 중요하게 여기는 첫째가 학교에서 규범을 잘 지키려고 노력하고, 더욱 반듯한 자세를 취하느라 쉬는 시간에도 반듯하게 앉아 있었던 것 같다. 아마도 그래서 더 힘들었던 것 같다는 이야기를 들었다. 그러면서 딸에 대해서도 더 알게 되었고, 이 기간 동안 딸의 마음도 알아주는 아빠가 되었다.

이 이야기는 아주 작은 사례이다. 지금의 딸에게는 그 나이에 따른, 또 다른 여러 가지 사건 사고들(?)이 가득하다. 그런데 일단 부모는 듣고 함께하려고 노력해야 한다. 경청의 힘을 믿고 자녀가 스스로 해결하도록 도와야 한다. 가정은 자녀에게 심리적으로 안전한 공간이 되어야 한다. 이 글을 읽고 있는 당신도 당신의 사랑하는 이의 소리를 한번 그저 들어보시기를 강력하게 추천한다.

3장

당신의 자녀와
한 팀이 되세요

자식 농사란 씨앗의 가능성을 믿고 자연의 신비에 맡기는 것 01

자식도 농사다

'농사는 하늘이 짓는다'라는 말이 있다. 농사는 하늘이 주관하는 것으로 농부는 옆에서 도울 뿐이라는 뜻이다. 씨앗이 잘 자라게 하려면 씨앗을 심고, 씨앗에 따라 최적의 환경을 조성해주어야 한다. 적절한 온도를 유지해주고, 영양분을 주고, 그러고 나서 할 일은 자연에 맡기고 기다리는 것이 농부의 일이다.

농부가 급하다고 아직 나오지도 않은 흙 속의 씨앗을 파헤치고, 빨리 나오라고 재촉한다면 어떻게 될까? 자녀를 기르는 것도 농사와 같다. '자식 농사'라는 말이 있지 않은가!

부모는 어떠한가? 감사하게도 나에게 자녀라는 신비로움이 찾아왔다. 자녀라는 씨앗이 잘 자랄 수 있도록 때에 따라 영양분을 공급하고 매일매일 온도를 체크하고 기다린다. 기다리는 것 또한 부모의 역할이다.

 너무 도와주고 싶어서 힘들어요

"어떻게 하면 내 자녀의 말을 정성 들여 경청하고, 아이에게 적절한 질문을 하며 도와줄 수 있을까요? 아이에게 아무 간섭하지 않고 가만히 있기가 너무 힘들어요. 아이가 잘 되도록 자꾸 도와주고 싶어요! 너무 도와주고 싶어서 계속 말하거나 조언하게 돼요"

나를 찾아오는 부모들이 흔히 하는 고민 상담이다. 아이를 도와주고 싶은데 아이가 거부한다거나, 아이의 말을 경청하고 그에 적절한 질문을 하고 싶은데 방법을 찾지 못하겠다는 이야기다.

그런 부모들에게 나는 이렇게 답한다.

"경청과 질문은 매우 중요한데, 이것은 상대를 바꿀 수 없다는 깨달음에서 출발해야 합니다."

내가 상대를 바꿀 수 없다는 현실 인식이 정말 중요하다. 위 사례 어머니의 경우, 아이에게 문제점이 보이는데도 불구하고 아이가 거부해서 그 부분을 도와줄 수 없어서 힘들어했다. 이때 느끼는 어머니의 감정은 무력감이다. 도와주고 싶은데 아이에게 진심이 닿지 못하니 잔소리를 하게 되고, 아이의 문제가 해결되지 않으니 무력감을 느끼는 패턴이 반복된다. 이때 나는 "아이를 바꾸려 하지 마세요"라고 말한다.

그러면 부모는 "네? 내가 부모인데 못 바꾼다면 도대체 내가 부모로서 하는 일은 뭐죠? 소용없는 거 아닌가요?"라고 되묻는다. 그러면 나는 "아닙니다. 질문과 경청을 통해 자녀 스스로 삶이란 신비를 만나고 그 신비 속에서 아이가 자신만의 삶을 살도록 돕는 것이 부모님의 역할입니다."라고 대답한다.

"자녀가 자신의 삶을 산다는 것이 무엇인가요?" 부모가 이렇게 물어오면 나는 다음과 같이 답한다.

"자기 삶의 과정 가운데 희로애락을 느끼고, 사람들과 감정, 생각 등을 함께 나누는 과정이에요. 특히 자녀가 삶을 살아가며, 고통과 상처에 직면하고, 그 아픔 가운데서 해결 방법 등을 찾아가는 과정이라고 할 수 있어요. 나는 무엇에 즐거워하고 분노하고 기뻐하는가? 그 수수께끼를 풀어나가며 삶의 놀라운 질문을 찾아가는 과정이 바로 자신의 삶을 살아가는 과정이라고 할 수 있습니다."

"결국 자녀의 일에 개입하지 말고 자녀가 자신의 삶을 살아가도록 두어야 한다는 것인가요?"

"네, 그래야 합니다. 그것이 진정한 삶을 살아가는 것이겠죠. 그리고 부모인 나 자신도 부모를 벗어나 나 자신으로 살아가는 것이 무엇보다 먼저일 것입니다."

"부모가 먼저 나 자신의 삶을 살아간다…"

"사실 제가 청소년 아이들에게 가장 많이 듣는 말 중에 하나가 "우리 엄마가 이제 자신의 인생을 살았으면 좋겠어요.", "나 때문에 힘들지 않고 이젠 행복했으면 좋겠어요" 등등의 말이거든요.

이처럼 자녀를 애써 도와주려고 하지 않는 것, 그것이야말로 자녀로 하여금 자신의 삶을 살게 하는 지름길이 됨을 부모가 빨리 깨달을수록 자녀들은 제자리에 하루라도 빨리 설 수 있음을 아는 것이 중요하다. '너무 도와주고 싶은 마음'을 참고 기다려주는 것, 그것이 자녀가 삶의 신비를 만나도록 진정으로 돕는 길이다.

계획된 우연을 함께 걸어갈 수 있는 동지(?)가 되자

내가 20대 때의 일이다. 내가 존경하던 스승님께 이렇게 말했다. "전 너무 두렵습니다. 제 삶이 너무 불확실하고, 불명확합니다. 어떻게 하면 좋을까요?" 난 스승님의 입에서 뭔가 정답이나 확실한 대답이 나올 줄 알았다. 그런데 스승님은 나에게 이렇게 대답했다. 오랜 시간이 지났지만 이 대답을 들은 충격을 잊지 못한다.

"축하해요!"

"네?"

"삶이란 불확실함과 불명확한 것임을 받아들이고 우리 함께 즐기도록 하죠."

우리가 사는 이 시대는 그 어느 시대보다 빠른 변화가 일어나고 있다. 최고의 전문가들도 몇 년 후를 예상하지 못하고, 한 해 사이에도 수많은 산업들이 뜨고 지는 상황이다. 과거로부터 있어 왔던 익숙한 직업들은 없어지고, 많은 새로운 직업들이 생겨난다. 이런 불명확하고 불확실한 시대속에서 우리는 어떻게 살아갈 것인가?

우리는 삶이란 신비 속에서 자식 농사를 잘 지을 수 있도록 최선을 다해야 한다. 앞에서 말했듯이, 농사는 씨앗의 가능성을 믿고 자연의 신비에 맡기며 성장을 기다리는 인고의 작업이다. 우리에게 온 자녀의 가능성을 온전히 믿고, 내가 할 수 있는 최선에서 물을 주고 영양분을 공급해야 한다. 그다음에 해야 할 일은 기다리는 것이다. 그 결과가 늦더라도, 내 생각과 방식은 아니더라도, 때로는 사과를 기대했지만 포도 열매일지라도 자녀와 함께하며 믿고 걸어가는 부모가 되어야 한다.

부모는 자신이 심은 씨앗이 어떤 열매를 맺을지 알 수 없는 상태에서 믿음과 소망을 가지고 성장을 지켜보는 사람들이다. 자녀를 키우는 일은 어쩌면 '계획된' 우연을 만나는 일이다. 그 우연이 어떤 열매가 되는지, 그 열매를 만날 때까지 씨앗과 함께 걸어갈 수 있는 동지가 되어주는 일이다. 내 자녀의 곁에서 그런 든든한 동지가 되어주자.

02 우연을 기회로 만들게
응원하라

계획된 우연

미국의 유명한 심리학자인 존 크롬볼츠 교수의 '계획된 우연 (Planned Happenstance)'이라는 이론이 있다. 사람의 진로에서 우연한 사건이 미치는 영향을 설명하는 이론인데, 크롬볼츠 교수의 연구 조사에 따르면 성공한 사람 중 자신의 계획에 따라 성공한 경우는 20% 정도에 불과하고 나머지 80%는 우연히 만난 사람이나 우연히 겪은 일을 통해 성공을 이뤘다고 한다. 크롬볼츠 교수는 이 결과를 많은 사람들의 커리어를 조사해 도출해냈으며, 이 연구를 바탕으로 '계획된 우연'이라는 진로 선택 이론을 개발했다.

이를 간단히 설명하면, 적성, 흥미, 성격 같은 것들이 직업을 선택할 때 매우 중요해 보이지만, 실제 우리에게 닥치는 사건이나 일 또는 우리의 진로 등은 우리가 세상을 살아가는 가운데 발생하는 우연적인 사건에 의해 결정된다는 이야기다.

그런데 존 크롬볼츠 교수가 이 이론의 이름을 그냥 '우연의 법칙'이 아니라 '계획된 우연'이라고 붙인 데는 이유가 있다. 그 이유는 이 우연을 기회로 만드는 '다섯 가지 조건'이 있기 때문이다.

존 크롬볼츠 교수가 '우연'을 '기회'로 만들기 위한 기술 다섯 가지는 다음과 같다.

첫 번째는 '호기심'이다. 호기심을 가지고 내가 관심 있는 것들을 찾고 새로운 배움의 기회를 찾는 것이다.

두 번째는 '인내심'이다. 어떤 부분에서 차질이 발생해도 개의치 않고 지속적으로 노력하는 것이다. 잠깐의 실수에 흔들리지 않고 지속하는 것이다.

세 번째는 '유연성'이다. 뜻밖의 상황을 만났을 때 나의 태도와 입장을 조금은 수정할 수 있는 태도가 필요하다.

네 번째는 '낙관성'이다. 어떤 상황이 오더라도 나는 잘해나갈 수 있다고 믿는 마음이다.

다섯 번째는 '위험 감수'이다. 앞으로 어떤 상황이 올지 모르고 설령 실패하더라도 시도해보는 것, 이것이 우연을 기회로 만드는 마지막 기술이다.

전략적 우연을 적용한 자녀 양육

존 크롬볼츠 교수가 우연을 기회로 만들기 위해 소개한 다섯 가지 조건은 자녀의 삶을 돕는 일에 적용할 수 있다.

첫 번째, 자녀를 호기심으로 바라보기

두려움이나 걱정이 아닌 호기심을 가지고 자녀를 바라보자. 두려움과 걱정으로 자녀를 바라보기 시작하면 호기심을 가지기 어렵다. 자녀의 사사로운 행동과 반응에 호기심을 가지고 아이가 무엇에 기뻐하고 무엇에 화내고 무엇에 겁을 내고 무엇에 즐거워하는지 관찰해보자.

두 번째, '인내심'을 가지고 자녀와 함께하기

가끔 우리는 우리 자녀가 아이라는 사실을 잊어버린다. 무엇이든지 자신만의 속도가 있다. 성경에서도 사랑의 첫 번째는 '오래 참음'이라고 말하지 않는가! 참고 또 참고 참아야 한다. 아이가 스스로 움직일 때까지…

세 번째, 자녀를 '유연성' 있게 대하기

자녀의 삶은 절대 부모의 계획대로 되지 않는다. 학업도 관계도, 심지어 부모와의 관계도 그러하다. 내 생각과 계획을 내려놓고 자녀의 상황에 맞추어 계획을 바꾸고 수정할 수 있어야 한다.

네 번째, 늘 언제나 '낙관성'으로 자녀를 바라보기

부모가 자녀를 걱정하며 바라보고 있다면 그 생각을 스스로 반성할 필요가 있다. 그 걱정은 어디서 왔는가? 혹 내 부모가 나에게 했던 양육 방식은 아니었던가? 그렇게 싫어했던 방식으로 아이에게 다시 되풀이하는 것은 아닌지 돌이켜 생각해보자. 그리고 자녀를 믿고 또 믿어보자. 그 믿음이 부모를 구원하리라.

다섯 번째, 자녀에 대해 '위험 감수'하는 일도 시도하자.

독일에 거주하고 있는 지인이 놀이터 사진을 보내준 적이 있는데, 그 모습에 매우 놀랐다. 우리나라 놀이터와 비교해 독일의 놀이터는 약간 위험하다고 생각될 정도였다. 그래서 독일의 놀이터에 대한 글을 찾아보았는데 독일의 놀이터는 완전한 안전함을 추구하지 않는다고 한다. 완전한 안전함은 아이의 배울 수 있는 가능성도 줄이기 때문이란다.

"배는 항구에 있을 때 가장 안전하지만 그게 배의 존재 이유는 아니다"라는 말이 있다. 자녀의 삶을 우리가 완전하게 통제하면 자녀는 안전하지만, 자녀는 그렇게 살려고 태어난 것이 아니다.

 '우연'을 일생의 기회로 삼은 친구

몇 년 전 만났던 뉴질랜드인 친구가 생각난다. 그 친구는 어렸을 때부터 왠지 모르게 한국을 좋아했다. 그래서 뉴질랜드에서 한국어도 배우고, K-POP도 즐겨 듣고, 한국에 관심이 많은 친구였다. 그래서 결국 성인이 되어서 한국에 오게 되었다.

그런데 막상 한국에 와보니 너무 좋긴 한데, 자기가 할 수 있는 일이 없었다. 그래서 그 친구는 일단 영어 강사로 커리어를 시작했다. 그리고 다른 친구의 소개로 나랑 코칭을 진행하게 되었다. 그 친구가 한국에서 관심이 생긴 분야, 평소에 호기심이 있었던 것, 하고 싶은 것들을 나누다가 "유튜브를 시작해보자!"라는 결론이 났다.

물론 처음에는 쉽지 않았다. 그 친구는 당시에 심지어 노트북도 없었고, 조명, 마이크 이런 건 알지도 못했으니까. 그런데 영어 강사 일을 하면서 번 돈으로 조금씩 장비도 마련하고, 정보도 찾아보고 하면서 꾸준하게 유튜브 콘텐츠를 만들었고, 매주 조금씩 성장하는 게 보였다. 영상으로 '뉴질랜드인이 생각하는 신기한 한국 문화'를 이야기하기도 하고, 또 우리가 잘 모르는 뉴질랜드의 문화와 한국 문화의 차이점도 이야기했다. 그렇게 그 친구만이 할 수 있는 콘텐츠를 만들어간 것이다.

그러다 보니 점점 사람들이 친구의 유튜브에 관심을 가지게 되었다. 한창 즐겁게 유튜브를 하다 보니까 M○○방송국에서 주관하는 크리에이터 상도 받고, 그 후로도 재미있게 방송을 해나가게 되었다. 그런데 그 친구의 제일 큰 성공이 뭔지 아는가? 한국에서 사는 동안, 한국인 여자친구를 만나서 연애를 하다가 결국 결혼까지 성공한 것이다. 현재 친구는 다시 뉴질랜드로 건너가서 회사에 다니며 재밌게 살고 있다.

나는 그 친구를 보면서 존 크롬볼츠가 말한 계획된 우연의 이론을 떠올렸다. 호기심에 한국에 왔고, 위험을 감수하면서도 인내심과 유연성, 그리고 낙관성을 잃지 않으며 유튜브 영상을 제작했고, 우연히 사랑하는 사람을 만나 정착하게 된 일이, 마치 자신에게 다가오는 '우연'을 일생의 기회로 삼은 것으로 보였기 때문이다.

 불확실성 속에서도 자신의 길을 찾는
자녀의 호기심을 응원해주자

자녀를 키우는 삶은 늘 불명확하고 불확실하다. 그것을 받아들여야 한다. 불명확하고 불확실한 자녀의 삶을 마냥 불안해하기만 한다면 우린 두려움 속에 갇혀서 아무것도 시도하지 못하게 되고 자녀를 안전하게 집 안에 가두게 되어버릴 것이다. 우리가 이 세상을 살아가야 하는 이상, 불명확하고 불확실한 우리의 삶을 호기심을 가지고 함께해야 한다.

그리고 그렇게 자녀를 곁에서 지지해주고 응원해줄 때 자녀 역시 자신의 길을, 자기만의 방식대로 찾아갈 수 있게 될 것이다. 부모의 역할은 크지 않다. 그저 옆에서 자녀의 호기심을 막지 않고, 인내심과 유연성을 발휘하도록 응원하고, 낙관성을 잃었을 때 독려하고, 위험을 감수할 용기를 내도록 하는 일. 그것이 바로 우연을 기회로 만들 수 있도록 내 자녀를 돕는 일의 전부가 된다.

03 아이들에게 저마다의 보물을 찾게 하라

 하고 싶은 일과 잘할 수 있는 일

"우리 아이가 하고 싶은 일을 하게 해주어야 하나요? 아니면 현실적으로 잘할 수 있는 일을 찾아주어야 하나요?"

어머니들을 만나면 한결같이 이런 고민을 토로해온다. '자녀들이 하고 싶은 일을 하도록 도와주어야 하나? 아니면 현실적으로 잘하는 일을 찾아 주어야 하나?' 하는 부분이다. 이 고민은 심지어 전문가들 사이에서도 의견이 분분히 나누어지는 주제이기도 하다.

어떤 분들은 무조건 자기만의 열정에서 시작하고 즐기라고 한다. 어떤 분들은 즐겨서 성공하는 것은 없고 그런 말을 하는 사람은 다 거짓말쟁이라고 말한다. 무엇이 옳은 것일까? 자녀에게 즐겁게 자신의 열정을 쫓으라고 말을 해주어야 하는가? 아니면 현실적으로 잘하는 일이나 공부를 하라고 이야기 해주어야 하는가?

'그릿'을 가지기 위한 4가지 요소

해 아래 새로운 것은 없다고, 이미 이런 이야기를 정리해놓은 사람이 있다. 펜실베이니아 대학교 심리학자 앤절라 더크워스는 수없이 많은 성공하는 사람에게는 어떤 다름이 존재하는지 연구했고, 한결같이 그들에게는 '그릿(GRIT)'이라는 요소가 있다고 정리했다. 그리고 이를 정리해서 베스트셀러가 된 《그릿》(비즈니스북스, 2019)을 펴냈다.

더크워스는 '그릿'은 자신이 성취하고자 하는 목표를 끝까지 해내는 힘이며, 어려움과 역경, 슬럼프가 있더라도 그 목표를 향해 오랫동안 꾸준히 정진할 수 있는 능력이라고 한다.

더크워스는 그릿을 가지려면 4가지 요소, 관심, 연습, 목적, 희망이 필요하다고 말했다. 나는 이 4가지 요소를 활용해 부모가 자녀를 어떻게 리드해야 하는지 코칭한다.

첫째, '관심'에 대해서는 자녀에게 늘 즐거운 놀이 같은 관심을 가지라고 조언한다. 처음에는 무조건 어떤 일에 대한 관심과 즐거움이 시작점이 되어야 한다. 부담과 두려움, 의무감만으로는 오래가지 못한다. 그런데 관심과 놀이에서 시작하라고 하면 일부 엄마, 아빠는 이렇게 말한다고 아이들은 나에게 토로한다.

"재미, 놀이 이런 것만 하다가는 직업도 못 가지고 가난하게 살수 있어!"

제발 이제 그런 말은 노노!! 사회적으로나 경제적으로 성공한 수많은 사람들을 대상으로 성공 동기를 조사해봤더니 공통적으로 '자신의 관심과 재미에서 시작했다'는 결과가 나왔다. 그러니까 이제는 그런 이야기는 넣어두고 우선은 아이의 '진정한 관심'이 무엇인지 호기심과 인내심을 가지고 지켜보자.

둘째는 연습이다(자녀가 스스로 연습할 수 있도록 돕자). 연습은 무엇인가? 어제보다 잘하려고 매일 단련하는 종류의 끈기를 말한다. 기타를 좋아하면 꾸준히 계속 연습해야 잘할 수 있다. 어느 순간은 지겹고, 실력이 나아지지 않아도 계속 반복하는 것이다. 지금부터는 지루하고 반복되는 연습이 반복된다. 자녀가 지루하고 반복되는 상황에 들어갔을 때 그것이 당연하다는 것과 이 부분은 끈기가 필요하다는 것을 아는 것이 중요하다.

셋째는 목적이다. 이것을 왜 하느냐 하는 목적의식이다. 자신이 하고 있는 일이 중요하다는 확신이 열정을 무르익게 한다. 지루하고, 나아지는 것 같지 않은 상황에서 오는 고통을 이 일에 대한 목적, 즉 '의미'를 되새기면서 이겨낼 수 있다. 이 일이 나에게 어떤 의미인지, 돈을 버는 것도 한편으로는 중요한 의미가 될 수 있겠다. 그리고 그것을 넘어 '사람들에게 어떻게 영향을 미칠 것인지, 사람들은 어떻게 생각할지?' 등등 아이들이 생각하는 그 일의 '의미'를 생각해보도록 도와야 한다.

마지막 넷째는 희망이다. 내가 어떤 상황에서도 잘 해나갈 수 있다는 믿음이다. 희망은 위기에 대처하게 해주는 끈기라고 한다. 기대와 희망이 우리를 지속할 수 있게 만든다. 자녀가 실수하더라도 심지어 포기하더라도 늘 "OO야, 그 시간과 방식은 우리의 생각과 다르겠지만 넌 잘 해낼 수 있고 잘 이겨낼 거야" 하고 함께 기다려주는 일이 필요하다. 부모가 오히려 너무 조급하지 않아야 한다. 자녀가 다양하게 시도하고, 실패를 두려워하지 않고 도전해보도록 지켜봐주는 부모가 되어야 한다.

내 머릿속에 물음표 수백 개가 떠올랐다

한 친구의 이야기가 생각난다. 이 친구는 조금 소극적인 친구였고, 다른 친구들과의 관계에도 어려움이 있었다. 그래서 학교는 물론이고 학원에서도 여러 가지로 적응을 하지 못했다. 그러다 보니 자연스럽게 성적도 떨어지고 있었다. 그것을 안타깝게 여긴 그 친구 선생님이 상담을 추천해주어 나와 코칭을 진행하게 되었다.

그 친구를 처음 만났을 때 첫인상은 어땠을까? 앞서 말한 단서들로 짐작이 갈 것이다. 실제로 그 친구는 누가 봐도 자신감이 없어 보였고, 그래서 처음에는 나를 대하는 것도 많이 어려워했다. 분위기도 아주 많이 어색했다.

그 친구와 만나서 이런저런 이야기를 나누었는데, 그 친구의 가장 큰 고민은, 자신이 평범하지 않다는 것이었다. 다른 친구들하고는 이야기가 잘 안 통하고 자기 말을 전달하기 힘들다고 했다. 이야기의 주제도, 관심사도 달라서 무슨 이야기를 할지 전혀 모르겠다는 것이었다. 그래서 스스로가 정말 부족하고 이상한 사람처럼 느껴진다고 했다.

때문에 스스로 무엇이 부족하고 이상하다고 생각하느냐고 물어보았다. 그랬더니 그 친구가 이렇게 답하는 것이다.

"선생님, 제 머릿속에서 엄청 많은 이야기가 둥둥 떠다녀요."

그 답변을 들은 내 머릿속에는 물음표 수백 개가 둥실둥실 떠올랐다. '아니, 수많은 이야기가 떠 다닌다는 이야기는 무슨 말이지?'

알고 보니까 그 친구는 해리포터 같은 판타지 소설을 너무 좋아하는 친구였다. 그래서 웬만한 판타지 소설은 손에 잡히는 대로 그 자리에서 전부 읽어버리는 대단한(?) 판타지 독서광이었다. 그러다 보니 그 친구는 늘 머릿속에서 이야기를 만들어내고 있었던 것이다. 친구의 머릿속에 떠오르는 이야기에는 마법의 세계도 있었고, 영원히 사는 캐릭터가 나오는 이야기도 있었고, 요정들의 세계나 여러 신들의 이야기들도 있었다.

나는 그 친구에게 처음 그 이야기를 듣던 순간을 잊을 수가 없다. 당시에 그 친구는 스스로 자신이 이상하다고 여기고, 자신감도 많이 떨어져 있는 상태였지만, 난 꼭 보물지도를 본 탐험가의 심정이었다. 난 그 친구의 이야기를 다 듣고 흥분된 목소리로 이렇게 말했다.

"와 너 정말 너무 멋지다…; 너를 만나게 돼서 정말 영광이야!"

이렇게 말했더니, 그 친구 반응이 어땠을까? "쌤, 저를 알아봐 주시다니 너무 감사해요!" 이랬을까? 아니다. 약간 '뭐야, 이 사람?!' 이런 표정으로 나를 쳐다볼 뿐이었다.

나는 그 친구와 이야기를 계속 나누었고, 그 친구 안에 있는 수많은 이야기를 정리하기 시작했다. 그 이야기들의 제목과 소제목들을 정리하는 데만 거의 1년이 걸렸던 것 같다. 그렇게 수많은 이야기들이 머릿속에 가득 차 있었으니, 그런 상태로 이 친구가 제대로 사람들과 관계하거나 공부하기가 쉬웠겠는가?

하지만 둥둥 떠다니던 이야기들을 분류하고, 정리하고 나니 그 친구는 마음도 많이 정리되고, 자신을 찾아가게 되었다. 그 뒤로 학교에 있는 문예창작 동아리에 들어가서 계속 자신의 글을 써나갔고, 문집으로 남기기도 했다. 내가 그 친구와 처음 만났을 때 그 친구가 중2였는데, 현재는 국어국문학과에 들어가서 여전히 계속 글을 쓰면서 소설가 지망생으로 살고 있다.

자녀들의 보물찾기에 동참하자

나는 이런 친구들을 정말 많이 만난다. 이렇게 자기 자신 안에 숨겨진 보물을 아직 발견하지 못한 친구들을….

여러분의 자녀는 어떠한가? '저 친구는 숨겨진 재능이라도 있는데 우리 자녀에게는 그런 게 하나도 없다?'라고 생각할 수도 있다.

우리도 그러했고, 우리의 자녀들도 그러하다. 우리는 누군가의 믿음과 도움으로 지금 여기까지 왔다. 내 자녀의 보물찾기를 자녀들이 성인이 되기까지는 같이 참여하고, 그 이후는 자녀 스스로 찾아가도록 돕는 그런 보물을 찾는 코치형 부모가 되어 보기를 추천한다. (자녀의 보물을 찾기 질문들은 뒤에 4장에서 다루도록 하겠다.)

돈의 가치를 찾게 하라 04

 돈 이야기, 얼마나 하십니까

요즘 친구들과 이야기를 나누다 보면 돈 이야기를 빼고는 이야기가 안 된다. 어떤 친구는 꿈이 로또 1등 당첨이라고 하고, 또 누구는 100억 버는 게 목표라고 얘기한다. 정말 돈에 대한 이야기는 끝이 없다. 그런데 막상 가정에서 돈 이야기를 나누는 것은 쉬운 일이 아니다.

미국에서도 가족끼리 돈 이야기를 하는 것은 '방 안의 코끼리(Elephant in the room)', 즉, 모두 알고 있지만 언급하기를 꺼리는 주제로, 성(性), 종교, 정치보다 더 부담스럽고 금기시되는 대화로 취급된다고 한다. 우리나라는 이것이 좀 더 심해서, 열 가정 중 한 가정 정도만 돈 이야기를 아이들과 함께 나눈다고 한다.

왜 그럴까? 돈 이야기를 하면 '너무 돈만 밝히는(?) 아이'가 될 것

같기 때문이라고 한다. 그런데 전문가들은 하나같이 일찍부터 돈 이야기를 시작하는 것이 좋다고 말한다. 왜냐하면 돈은 정말 중요하기 때문이다.

돈은 우리의 삶에 없어서는 안 될 중요한 요소다. 돈은 정말 중요하고 이 세상을 살아가는 데 꼭 필요하다. 당장 오늘 점심 한 끼를 먹으려고 해도 돈이 필요하고, 친구들과 카페를 가거나, 지하철을 탈 때도 돈이 없으면 아무것도 할 수가 없다. 기본적으로 먹고 사는 것을 넘어서 우리 주변의 누군가를 섬기고 도우려 할 때도 돈이 필요하다. 우리가 사는 자본주의 세상에서 돈은 우리 몸속을 흐르는 피와 같이 중요하고 또 필요한 것이다.

그러니 우리 자녀와 함께 이런 질문을 주고 받아보자. "사람들은 왜 그렇게 돈을 원할까?" 그리고 "나는 또는 너는 왜 이렇게 돈을 많이 벌고 싶어 할까?" 하고 말이다.

돈에 대한 답변은 언제나 '가치'로 끝난다

학교나 기관에서 강의할 때면 나는 이런 질문을 한다.

"여러분에게 와르르 돈이 쏟아진다면 무엇을 하고 싶으요?"

그러면 여기저기서 정말 다양한 대답들이 튀어나온다. 무엇 무엇을 살 것이고, 어디 어디로 여행을 갈 것이고, 일 안 하고 평생 놀 것이고 기타 등등….

그러면 그 수많은 대답들을 유심히 듣고 나서 곧바로 두 번째 질문을 한다.

"그 돈이 여러분에게 어떤 의미인가요?"

내가 이렇게 질문하는 이유는 하나다. 돈이 왜 중요한지를 물어보는 것이다. 그러면 이 역시, 아주 천차만별의 답변들이 쏟아진다. 스스로에게 물어보자. '돈이 나한테 왜 중요한지', 돈은 나에게 어떤 의미인지를 말이다.

어떤 사람은 세상에 인정받고 싶어서 돈이 필요할 수도 있다. 또 어떤 사람은 성공하고 싶어서, 스트레스 안 받고 편하게 살고 싶어서, 가난 때문에 불안해하면서 살고 싶지 않아서 등등 다양한 의미가 있을 것이다. 하지만 분명한 건, 돈을 벌고 싶은 이유가 다 다르다는 것이다.

"왜 돈을 벌고 싶은가? 돈이 많이 생기면 뭘 하고 싶은가? 무엇을 살 건가? 갖고 싶은 걸 다 사고 나면 그 다음엔 또 무엇을 하고 싶은가?" 그렇게 자녀에게 계속 질문하고 답을 들어보면 마지막에 나오는 것이 있다. 평안함, 안정감, 자유 같은 것들이다. 결국 눈에 보이지 않는 어떤 '가치'를 얻기 위해서 돈을 많이 벌고 싶었던 것이다.

 ## 부모 먼저 돈을 버는 가치를 찾자

당신은 어떤 삶을 살기를 원하는가? 다른 사람들에게 보여주고 싶은 삶 말고, 정말 살고 싶은 삶 말이다. 그걸 먼저 알고 시작하는 것이 너무 중요하다.

왜냐하면 처음에는 사랑하는 가족들을 위해, 내 행복을 위해 돈을 벌려고 하지만, 그러다 나중에 건강을 잃는다거나, 가족과 관계가 망가진다면 돈이 다 무슨 소용이겠는가? 여러분이 생각하는 '돈을 많이 벌고 싶은 이유', 더 나아가 여러분에게 돈이 어떤 '가치'를 가져다 줄 수 있는지 한번 떠올려보자. 그리고 자녀에게 그 질문을 해보자.

 자신이 할 수 있는 최고의 투자

그럼 돈을 어떻게 벌라고 가르쳐야 할까? 우리가 살고 있는 이 자본주의 사회에서 돈을 버는 가장 단순한 원리는 내가 가지고 있는 것 중에 상대가 원하는 것을 주고, 돈을 받는 것이다. 내가 가진 것을 돈과 바꾸는 것이다.

그럼 우리가 가진 것은 무엇일까? 건물? 금? 석유? 아쉽게도 우리 중 대부분은 이런 것들과 거리가 멀다. 우리가 모두 가지고 있는 게 있다. 바로 재능이다. 눈에 띄게 특출하거나 우리 자녀가 가진 그 작은 재능 중 가치 있는 것을 찾고, 꾸준히 연습하고 노력해서 발전시키도록 돕는 것이 중요하다. 그 재능 중에 '공부'도 있을 수 있겠다.

얼마 전에 한 세미나에서 세계 최고의 부자 중 한 명인 워렌 버핏에게 한 학생이 질문을 했다. "자신이 부자가 될 수 있는 좋은 주식(회사) 하나를 알려달라"고 말이다. 세계 최고 부자는 이 질문에 뭐라고 대답했을까? 그 학생에게 워렌 버핏은 이렇게 말해주었다.

"네가 할 수 있는 최선은 무언가를 특출하게 잘하는 거야. 네가 어떤 일이든 잘하면 네가 해줄 수 있는 일의 대가로 그 사람들은 뭔가를 너에게 줄 거야. 네가 가진 능력은 누구도 너에게서 뺏어갈 수 없어. 경제 위기에서도. 네가 할 수 있는 최고의 투자는 그게 뭐든지 간에 너 자신을 개발하고 스스로를 성장시키는 거야."

 넌 무엇을 할 때 가슴이 뛰니?

전에 코칭으로 만난 한 학생의 이야기가 생각난다.

내가 서울의 한 고등학교에서 일을 하고 있을 때 일이다. 하루는 한 학생이 찾아와서 상담을 요청했다. 문을 열고 들어오는 학생을 보니 어깨는 축 처져 있고, 얼굴 표정이 아주 어두웠다. 나는 아이에게 무슨 일이 있냐고 물었다. 아이가 힘들게 입을 열고 내뱉은 첫마디가 "선생님, 저 죽고 싶어요"였다. 그리고 힘겹게 자기 이야기를 풀어놓기 시작했다.

알고 보니 그 친구는 집안 형편도 좋지 않고, 부모님이 심하게 다투는 날이 많아서 큰 스트레스를 받고 있었다. 게다가 자기는 공부도 못하고, 학교에서 친구들에게 따돌림까지 받고 있다는 이야기를 했다. 지금도 그 이야기를 하던 그 친구의 표정이 기억날 정도로 너무 안타까운 상황이었다. 한참 그 친구의 이야기를 듣고 나니까 나의 마음도 가슴이 저릿하게 아파왔다.

'한 아이가 이렇게 어려운 일을 감당하며 살고 있었구나' 싶어서이다. 한 시간 정도 지났을까? 조심스럽게 자기 이야기를 끝마친 그 친구에게 나는 말했다.

"너, 정말 죽고 싶겠다. 그럴 만해."

그랬더니 그 친구가 오히려 나에게 이야기했다.

"제가 이런 이야기를 하면 선생님은 힘내라고 하실 줄 알았는데… '죽고 싶을 만하다'라고 하시네요. 설마 저 죽으라는 거 아니죠?"

그 말을 듣고 우리는 함께 웃었다.

"네 이야기를 듣고 마음이 아파서 그랬어. 그런데 궁금한 게 하나 있어." 그랬더니 그 친구가 "그게 뭔데요?" 하고 물어왔다. 그래서 단도직입적으로 물어보았다.

"너 정말 좋아하는 게 있어? 뭘 할 때 가슴이 뛰니? 뭘 잘하니?"

처음에는 그 친구는 "네?" 하면서 당황스러운 표정을 지었다. 죽고 싶다는 사람에게 뭐 이런 질문을 하냐는 반응이었다. 그리고 우물쭈물하면서 바로 대답을 못 했었다. 그 후로도 그 친구와 나는 종종 만나서 이런저런 대화를 나누었다. 질문을 주고받기도 하고, 하염없이 이야기를 들어주기도 하면서…. 그렇게 6개월쯤 시간이 흐른 뒤에 그 친구가 발견한 것이 있었다. 다른 게 아니라, 자기가 만화에 미쳐있다는 사실이었다. 심지어 나에게 "선생님, 저 만화를 사랑하는 것 같아요!"라고 말하였다. 자기가 뭘 좋아하고, 뭘 할 때 가슴이 뛰는지 모르고 살았는데, 드디어 그걸 발견한 것이다.

그 이후에 그 친구는 자기가 그린 그림을 하나씩 SNS에 올리기 시작했다. SNS를 통해 자신의 그림을 알리기 시작했고, 그림을 올릴 때 사람들이 댓글을 달거나 쪽지를 보내서 작품에 대한 호감을 표시하는 걸 보면서 사람들이 자신의 작품을 좋아한다는 걸 알게 되었다. 그 반응에 또 힘을 내서 더욱 열심히 그림을 그렸다. 그런 과정을 통해서 그 친구는 자기 진로를 디자인으로 정하고, 당당하게 디자인학과에 입학해서 두각을 나타내었다. 현재는 디자인 회사에 들어가서 일을 하고 있다.

우리 자녀를 어떻게 도울 것인가?

우리 자녀가 자기만의 재능으로 세상을 살아갈 수 있도록 도우려면 어떻게 해야 할까? 먼저 자녀가 관심 가지고 있는 게 무엇인지 찾고, 어떤 걸 할 때 가슴이 뛰는지 생각해보도록 돕자. 자녀의 관심과 열정, 그리고 좋아하는 것에서부터 시작해보도록 하자. 그리고 한 걸음씩 시작할 수 있도록 질문해보자. 그렇게 가다 보면 자녀들의 재능에 관심이 있는 어떤 사람들이 반응할 것이고, 그 반응을 기반 삼아 자녀들이 자기만의 비즈니스를 구상해 볼 수 있을 것이다. 더 나아가 진로도 찾고 취업이나 비즈니스도 찾을 수 있다.

05 │ 거북이에게는
     │ 바다를 보여주어라

과학적이고 상식적인 토끼와 거북이의 경주

퀴즈를 하나 내보겠다. 각자 이야기를 들으며 마음 속에 있는 답을 생각해보자. 제목은 '토끼와 거북이의 경주'이다. 토끼와 거북이가 경주를 한다. 그런데 여기에서 중요한 건 상식적으로 대결을 하려고 한다는 점이다. 우리가 익히 알고 있는 전래동화에 나오는 것처럼 토끼는 낮잠을 자지 않을 것이다. 만약 토끼가 잠들려고 하면 누군가 잠들지 못하게 깨울 것이다. 이런 조건에서 토끼와 거북이가 과학적으로, 상식적으로 대결을 하면 누가 이길지를 맞히는 것이다.

한번 생각해보자. 토끼와 거북이 중에 누가 이길까?

그리고 왜 그 친구가 이긴다고 생각했나?

토끼가 이긴다? 거북이가 이긴다? 각자의 생각은 어떠한가?

나는 마음속으로 거북이가 이길 거라고 생각했다. 그 이유를 알아맞힐 사람이 있는가?

'이 경기는 물속에서 벌어졌기 때문이다.'

그동안 강연 중에 이 퀴즈를 내면 재밌는 답들이 많이 나왔다. 거북이가 산에 올라갔을 때 등껍질로 들어가서 굴러 내려와서 이겼다는 둥, 사실 이 경주는 100년 동안 이루어진 경주라서 토끼는 빨리 갔지만 거북이보다 일찍 죽어서 졌다는 둥…. 이렇게 창의적이고 엉뚱한 답들이 나왔었다.

새로운 자신의 모습을 발견한 거북이

사실 내가 처음 이 퀴즈를 낼 때는 '토끼와 거북이 중에 누가 이길까요?' 이렇게 질문을 했었다. 그렇게 퀴즈를 냈을 때는 토끼가 이긴다가 6, 거북이가 이긴다가 4 정도 비율로 나왔다. 그런데 재미있는 것은 그 앞에 '과학적으로, 상식적으로'라는 말을 붙여서 퀴즈를 내니까 토끼가 이긴다, 거북이가 이긴다의 비율이 8대 2나 9대 1 정도로 바뀌었다. 거북이가 이긴다고 생각하는 사람이 '확!' 줄어든 것이다.

사람들은 '과학과 상식'이라는 이름이 붙으면 당연히 토끼가 이길 거라고 생각했다. 어디서 경주를 한다고 생각하기 때문에? 그렇다. 땅에서 경기하는 게 상식이라고 생각한 것이다. 그런데 거북이에게는 땅에서 경주를 하는 것만이 상식적인 상황일까? 그렇지 않다. 거북이는 물에서 경주하는 게 더 상식적일 수도 있다.

한 가지 이야기를 들려드리겠다. 여기, 태어나서 한 번도 물에 들어간 본 적이 없고 또한 자신이 물에서 숨을 쉴 수 있다는 것을 모르는 거북이가 있다. 그 거북이는 토끼 마을에서 자랐고, 토끼 학교를 다니면서 날마다 운동장에서 달리기 경주를 하며 자랐다. 그러나 거북이는 토끼들과의 경주에서 단 한 번도, 정말 '단 한 번도!!' 다른 토끼들을 이겨보지 못했다. 나름 열심히 노력했는데 말이다. 묘기까지 부리며 가볍게 뛰는 토끼들을 볼 때면 자신이 한없이 초라하게 느껴지고 빠른 토끼들이 부럽기만 했다. 그렇게 낙심하고 있는 거북이에게 선생님과 친구들이 충고를 해준다.

"거북아, 오늘부터 우리 팔굽혀펴기 100번씩 해보자. 그리고 매일 달리기 연습을 5시간 정도씩 더 늘려보자. 더 노력해보자. 우리! 넌 할 수 있어!" 이 말에 힘을 얻은 거북이는 그렇게 1년 동안 또 열심히 '노오력'을 했다. 그 결과! 거북이의 달리기 성적이 좋아졌을까? 아니다. 똑같았다.

그래서 거북이는 다시 낙심을 했다. "나는 왜 이럴까? 나는 왜 이렇게 열심히 해도 안 되는 한심한 존재일까?" 하고 말이다. 그런데 이런 거북이의 '노오력'을 지켜보던 한 사람이 있었으니, 바로 가진 거라곤 '돈밖에 없는!' 부자 아저씨였다. 보다 못한 그 아저씨가 거북이를 찾아와서 말했다.

"거북아 내가 1년간 너의 노력을 지켜보았어. 너는 정말 성실하고, 열심히 노력하는 아이더구나. 그래서 내가 너를 도와주기로 했다. 내가 아는 분이 토끼 마을에서 제일가는 대학병원 의사란다! 큰돈이지만 내가 돈을 낼 테니 우리 수술 받자. 그 무거운 등껍질을 떼어내 버리는 거야! 떼어내고 다른 토끼들처럼 가볍게 달려보자!"

이 말을 들은 거북이는 토끼처럼 빨리 달릴 수 있다는 말에 솔깃하기도 했지만 동시에 무서운 마음이 들어서 도리질을 하며 그 자리를 뛰쳐나왔다. 거북이는 마음이 심란한 나머지 바람이라도 쐴 겸 터덜터덜 바닷가로 갔다. 해변을 걸으며 철썩이는 바다를 바라보는데 '갑자기!' 자기도 모르게 가슴이 뛰기 시작하는 것이다. 쿵닥, 쿵닥! "아…, 바다는 어떤 곳일까? 바다에 들어가 보고 싶다." 이렇게 자신도 모르게 큰소리로 외쳤다. 그랬더니 주변에 있던 토끼들이 그 소리를 듣고, 말했다.

"무슨 소리야. 큰일 날 소리! 바다에 들어가면 숨을 못 쉬어서 죽는다고…. 게다가 바다 속에는 무서운 생물들이 얼마나 많은 줄 알아? 큰 물고기에게 잡아먹히고 말 거야!" 그 말을 들은 거북이는 '아, 내가 부자 아저씨 말에 충격을 받아서 잠시 미쳤었나보다. 이제 돌아가서 다시 열심히 달리기 연습해야지' 하고 학교로 돌아가려 했다. 그런데 그 순간, 발을 헛디뎌 그만 파도에 휩쓸렸고 그대로 바닷물에 빠지고 말았다. 무거운 등껍질 때문에 거북이는 순식간에 물살에 휩쓸려 들어가게 되었다.

'아, 역시 이 등껍질이 내 인생을 망치는구나. 아, 더 이상 숨을 참을 수가 없네. 아저씨가 수술시켜준다고 할 때 감사합니다 하고 받을 걸 그랬나. 아, 이제 나는 죽는구나' 하며 물속에서 발버둥을 치기 시작한다. 그런데 다음 순간! 이게 웬일일까? 거짓말처럼 자연스럽게 피부가 호흡을 하고 있는 것이 아닌가! 게다가 느림보였던 땅에서와는 다르게 꽤나 빠른 속도로 헤엄을 치는 자신을 발견한다.

그런데 놀라움도 잠시, 곧 상어 한 마리가 거북이를 향해 돌진해온다. '거북이 인생 15년이 이렇게 막을 내리는구나. 잠깐이라도 행복했다' 하면서 눈을 질끈 감는 순간 거북이는 등껍질로 '쏙!' 들어간다. 당연히 상어는 그대로 거북이를 지나쳐 간다. 그리고 거북이는 다시 빠르게 헤엄쳐서 물 밖으로 나온다. 이렇게 새로운 자신의 모습을 발견한 거북이는 다시 토끼 학교에 돌아가 학교생활을 지속하게 된다.

 물으로 나온 거북이는 어떻게 되었을까

그런데, 이전에 한 번도 바다에 들어가 본 적이 없는 거북이의 삶과 달리, 바다에 들어가서 자신의 진면모를 경험한 거북이의 삶이 이전과 같을까?

거북이는 평생 자신에게 있는 무거운 등껍질을 싫어했다. 등껍질 때문에 다른 토끼들처럼 빠르게 달리지 못한다고 생각했다. 그리고 토끼들과 비교하면서 속도가 느린 자신을 한심하게 생각했다. 그러면서 발 빠른 토끼들을 부러워했다. 그런데 결국 이 거북이는 물에 들어가 자기 자신을 발견한 후, 이전과는 다른 삶을 살게 된다. 여전히 발 빠른 토끼들과 함께 지내지만 말이다.

우리 자녀들이 거북이일 수 있다. 아니면 물고기나 새일 수도 있다. 갑자기 생뚱맞게 무슨 말이냐고? 토끼마을에 사는 거북이가 처음에는 토끼들과 경주하면서 자기가 가지지 못한 것, 자기한테 없는 것을 부러워했다. 그런데 자신의 진면모를 발견하고 나서 거북이는 어떻게 되었는가? 모르긴 몰라도, 땅에서 빨리 달리는 토끼들을 보면서 속으로 빙그레 웃음을 지었을 것 같다. 자기는 토끼가 절대 할 수 없는 걸 아주 잘 해낼 수 있는 능력이 있다는 걸 알고 있었으니 말이다. 어쩌면 빠른 토끼들을 보면서 여유만만하게 박수를 쳐주었을 지도 모르겠다.

모든 사람은 천재다. 만약 나무에 오르는 능력만으로 물고기에게 재능을 묻는다면 물고기는 빠르게 헤엄칠 생각도 않은 채 자포자기의 인생을 이어갈 것이다.

"당신도 천재다. 당신이 무엇을 잘하는지 아직 못 찾았을 뿐이다. 당신도 천재다. 다만 당신이 무엇을 잘 하는지 아직 발견하지 못했을 뿐이다. 그것이 많은 사람들이 천재이면서 바보로 살아가는 이유이다."

(알베르트 아인슈타인)

06 우리 가족에겐 특별한 '패밀리 타임'이 있다

 부모도 사람이다

부모는 맡은 역할이 참 많다. 아빠, 엄마 역할도 해야 하고, 남편, 아내 역할도 중요하고, 자녀 역할도 해야 한다. 이것뿐이겠는가! 소속된 곳마다 역할도 있고, 직장에서의 역할도 있다. 이렇게 많은 일들을 감당해야 하는 현재 부모님들의 사연을 들을 때면 안쓰럽기도 하다. 자녀는 부모가 다 이해해주기를 바라고, 부모는 자신의 일은 물론이고 자녀 돌봄에 집안일까지 다 하려니 지친다. 자신도 자녀가 조금은 이해해주기를 바라는데 아이들은 자신의 의견을 말하기 바쁘고, 대학입시라는 현실 속에서 부모의 바람을 이야기하다 보면 자꾸 잔소리가 되어 자녀와 다툼까지 일어나고 관계도 멀어진다.

그러면 부모도 사람인지라 마음이 상한다. '내 마음을 이렇게 몰라주다니. 그래, 어떻게 되든지 네가 알아서 해라' 막상 이렇게 마음을 먹고 다른 곳에 신경을 쓰려고 하지만, 그렇다고 마음이 편하지 않다. 어떻게 자녀가 죽든지 살든지 스스로 알아서 하도록 놔두겠는가? 이런 상황을 말하면 잔소리가 되고, 말 안 하자니 자녀의 성적도, 생활도, 집안일도 엉망이 될 때가 많다.

이럴 때는 보통 부모가 참다 참다가 폭발하는 경우가 많은데 그러면 정말 최악의 상황이 벌어진다. 부모가 스스로를 통제하지 못하고 고함을 지르며 화를 낸다든지, 이럴 거면 집을 나가라는 등 현재 상황에서 더 이상 자녀에게 통하지 않을 협박(?) 같은 말을 하게 된다. 그러면 자녀와 거리는 더욱 멀어지고 관계도 깨지게 된다. 부모는 그 상황을 후회하지만 더 이상 어떻게 해야 하는지 갈등하며 전문가를 찾아오는 경우가 많다.

'소통!'을 하면 마음이 '통!'한다

딸이 초등학교 저학년 때의 일이다. 다른 가정과 마찬가지로 우리 가정에서 중요한 예절 중의 하나는 식사예절이다. 부모가 차려놓은 식사 자리에서 식사 외에 다른 일을 하지 않고 맛있게 먹는 것이 중요한 예절 중 하나이다. 그런데 딸이 최근 식사를 잘 하지 않고 뭔가 불만 있는 표정으로 딴짓을 하며 괜히 식사 시간을 오래 지속하는 버릇이 생겼다. 나는 속으로 조금 화가 났다. 부모가 해준 음식을 감사하지 않고 함부로 대하는 것 같기도 하고, 식사 정리도 딸이 시간을 끌어서 늦어지고는 했다.

이 버릇없는(?) 태도를 어떻게 고쳐줄까 생각했는데, 마침 이번 주말 우리 가정이 늘 가지는 패밀리 타임이 있어서 그때 말하기로 다짐을 했다. 드디어 주말 패밀리 타임이 시작되었고 딸에게 물었다. "딸, 아빠가 질문이 있는데? 요즘 아빠 엄마가 해주는 밥이 맛이 없어? 밥 먹는 것이 싫어?" 그랬더니 딸의 눈시울이 붉어지더니 자신의 마음에 있던 말을 하기 시작한다. "아니, 그런 게 아니라 요즘 엄마가 토마토 스파게티를 자주 해주는데, 난 토마토 파스타를 먹으면 속이 이상해. 잘 먹으려고 하는데 잘 안 돼. 학교 급식에도 토마토 파스타가 나오면 받지 않아" 아…, 난 이때 조금 충격을 받았다. 이렇게 나의 생각과 아이의 생각이 달랐다니…. 아이가 어렸을 때 토마토 스파게티를 먹고 크게 체한 적이 있는데 아마도 그것이 영향을 미친 것으로 추측되었다. 또 최근 아내가 새로운 토마토 파스타 레시피를 개발해서, 맛있게 먹는 나와 아들을 보며 아마 더 자주 토마토 파스타를 했던 것도 생각이 났다.

그래서 나는 이렇게 말했다. "아, 그랬구나. 아빠 엄마는 몰랐네. 그럼 이제 토마토 파스타 말고 오일 파스타로 해줄까?" 그랬더니 딸이 좋아한다. 그런데 갑자기 옆에 있던 아들이 자신은 오일파스타는 싫고 토마토 파스타는 좋다고 한다. 그래서 결국 우리는 파스타를 하면 오일 파스타와 토마토 파스타 두 개를 하게 되었다. 비록 식사를 차리는 일이 더 번거로워 졌지만 아이들의 마음을 알 수 있어서 감사한 시간이었다.

이런 일은 우리 가족만의 특별한 경험은 아니다. 어느 가족이든 소통의 방식은 다양할 테니까. 다만 우리 가족은 주기적으로 '패밀리 타임'이라는 시간을 가지며 자녀들과 소통하려고 한다. 이 시간에는 부모는 물론이고 아이들도 자신의 의견을 동등하게 발언할 기회가 있다.

패밀리 타임을 갖는 것은 어렵지 않다. 가족끼리 식사 자리나 간식시간에 서로에게 원하는 말, 하고 싶었던 말을 하는 것이다. 이 특별한 시간을 갖기 위해서는 몇 가지 규칙이 필요하다. 그 규칙을 소개하겠다.

 패밀리 타임 정하고 누리는 법

패밀리 타임을 정하기 위해서는 우선 리더를 선정해야 한다(우리 가정의 경우 돌아가면서 리더를 정한다). 그리고 이를 위해서 사전에 서로 협의할 필요가 있다.

2023년 새해, 우리 가정은 패밀리 타임 시간에 새해 계획이나 약속을 서로 의논하여 정하기로 했다. 다음은 우리 가족이 세운 새해 계획으로, 온 가족이 동참해서 정하고 지키기로 약속한 것이다.

- 꼭 필요할 때 외에는 휴대폰 사용 시간을 줄이자.
- 가족 운동 시간을 늘리자.

- 치실을 매일 하자.

- 자동차 세차를 같이 하자.

- 스마트폰 게임은 주말에만 하자.

- 라면은 격주로 한 번만 먹자.

- 매일 타이머가 울리면 함께 청소하자.

- 물을 자주 마시자.

- 1 : 1 데이트를 자주 하자(예로 아빠와 딸, 아빠와 아들, 엄마와 딸, 엄마와 아들)

구체적인 패밀리 타임 방법과 순서를 소개하면 다음과 같다.

〈패밀리 타임 방법〉

1. 같이 먹을 간식 준비

음식이 분위기를 좋게 만든다(과자 하나라도 괜찮다. 배고프면 예민해져서 싸우게 된다.)

2. 서로에게 사랑과 감사 표현하기

먼저 한 사람을 지명하고 나머지 가족들이 돌아가면서 그 사람에게 고맙고, 감사한 점이나 얼마나 사랑하는지를 표현한다. (ex: 타이머가 울리기도 전에 먼저 00이가 맡은 구역을 청소하는 모습에 고맙고 감동이었어.)

3. 바라는 점 말하기

서로에게 바라는 점을 이야기 한다(공격하거나 비난하는 것이 아니라 구체적으로 이렇게 해주었으면 좋겠다고 말해준다.)

4. 그저 듣기

듣는 사람은 상대방이 말할 때 핑계를 대거나 그 의견에 앙심(?)을 품거나 하면 안 된다. 또는 그 상대의 차례가 왔을 때 보복(?)을 하거나 해서는 안 된다. 그저 끝까지 들어야 한다.

5. 실행 계획 세우기

그렇게 모든 사람들이 순서에 맞춰 진행하고 마지막에는 오늘 나온 이야기를 정리하고 다음 달까지 어떻게 실행할지 구체적으로 나눈다.

• 긴급 패밀리타임

긴급한 안건이 생기면 긴급 패밀리 타임으로 모인다(청소에 게을러 지거나 엄마가 긴급히 도움이 필요할 때 등이 주로 긴급한 안건의 소재다). 요즘에는 엄마 아빠보다 아이들이 긴급 패밀리 타임을 하자고 요청한다. (ex: 코로나로 유치원에 가지 않는데 게임 시간을 늘리자는 아들의 의견이 대표적이다).

패밀리 타임의 후폭풍(?)

이렇게 소통하려면 사실 엄청 피곤하다. 같이 사는 자녀들이 나의 모든 모습을 지켜보고 하나하나 의견을 이야기해준다. 그리고 가족의 시간 후에 이것을 하나하나 실제로 실행해야 하는데 그것이 정말 쉬운 일이 아니다. (딸은 내가 지켜야 할 것을 표로 만들어 일거수 일투족 지켜보며 체크한다! 주로 '콜라와 커피를 자주 마시지 않기' 같은 안건이 대부분이다.)

아이들과 끊임없이 소통하고 의견을 조율하는 시간과 노력이 만만하지 않다. 때로는 아내와 '민주주의가 참 힘든 거야'라는 말을 하며 웃기도 한다.

그런데 정말 좋은 것은 이제는 아이들이 우리 집안을 이끌어 준다는 것이다. 그것이 너무 행복하고 기쁘다. 그리고 자신이 의견을 내놓았으니, 정말 열심히 지키고 오히려 본인이 솔선수범하려 한다.

아이들은 아빠 엄마에게 의견을 제안하고 아빠 엄마는 절대 그것을 무시하거나 제압하려 하지 않는다. (물론 그러고 싶은 마음이 왜 올라오지 않겠는가? 아이들이 더 어렸을 때는 아빠는 코칭하러 가지 말고 우리랑 계속 놀자는 안건을 몇 년간 계속 냈었다. 말을 해도 못 알아들으니 설득하기도 불가능했던 기억이 있다.)

그래도 패밀리 타임에 올라온 안건 중 지키지 못했거나 부족한 부분에 대해서는 반드시 인정하고 "네 의견이 맞아! 노력할게!"라고 말한다. 예를 들어! 네 말이 맞아 딸. 콜라를 완전히 끊지 못하더라도 "건강을 위해 정말 가끔씩만 마실게!"라고 말한다!

물론 가정의 문화에 따라, 규칙에 따라 다양하게 방식을 바꾸어도 좋다. 우리 가족 고유의 '전통'이자 '추억'을 쌓을 패밀리타임을 많은 가정에서 가져보기를 강력히 제안해 본다.

4장

자녀의 마음과 공감하는 19가지 절대(絶對) 질문

질문하기에
들어가며

앞에서는 상대를 깊이 경청하는 법과 자녀에게 질문을 하기 위한 기본 철학과 자세에 대해 이야기를 나누었다. 그러면 이제 구체적인 질문들을 가지고 실습을 해보자.

실제로 경청과 질문에 대해서 이론적으로 아는 분들은 많다. 그러나 막상 경청과 질문을 잘하는 사람들은 드물다. 왜 그럴까?

태권도를 할 때 이단옆차기를 어떻게 해야 하는지 설명을 듣는다고 잘할 수 있는 사람은 드물다. 부족하지만 수없이 반복해서 해봐야 잘할 수 있다.

경청하고 질문하는 것은 근육운동과 같다고 할 수 있다. 근육 성장을 위해 헬스트레이너의 유튜브 영상을 침대에 누워 보고만 있다면 근육이 성장하겠는가! 경청과 질문도 연습하지 않고 생각만 하면 그 능력은 성장하지 않는다. 그래서 코칭하며 오랫동안 청소년들에게 가장 많이 활용해 온 코칭질문 19가지를 정리해 보았다. 어떻게 보면 간단하고 쉬운 질문들이다. 그러나 이 질문은 많은 사람들을 바꿔온 강력한 질문들이다. 그리고 당신의 삶을 바꿀 질문들이다. 이 질문을 나 자신에게 해보고 답을 해보자. 그리고 그 깨달음을 가지고 자녀, 가족, 내가 속한 그룹원들에게 질문을 던져보자. 처음에는 어색하고 잘 하지 못할 것이다. 질문을 하면 모른다고만 답을 하기도 하고, 듣고 있다 보면 마음이 답답해지기도 한다. 또 엉뚱한 대답을 들으면 화도 나고 충고해 주고 싶어진다. 처음에는 질문을 하는 나도, 질문을 받는 사람도 모두 어색할 수 있다. 다만 용기를 주자면 나도 처음에는 그랬다. 무엇이든지 처음부터 잘할 수는 없다. 한 걸음씩 가야한다. "아들아! 내가 질문하나 해볼게 한번 답을 해봐", "딸아 우리 질문놀이 한번 해보자" "저 요즘 책을 보고 경청&질문 연습하는데 상대가 되어주세요" 등등의 말들로 하나하나씩 연습을 해보자.

앞의 19가지 질문들을 하기 전에 가이드를 몇 가지 이야기하겠다.

 코칭에서 좋은 질문이란?

"만약 곧 죽을 상황에 있고, 목숨을 구할 수 있는 시간이 1시간밖에 없다면 나는 1시간 가운데 55분을 올바른 질문을 찾는 데 사용하겠다. 올바른 질문을 찾고 나면 정답을 찾는 데는 5분도 걸리지 않

는다" (— 아인슈타인)

알고 보면 정답이 우리를 이끌지 않고 질문이 우리를 움직이게 만든다. 질문이야말로 우리를 움직이게 하는 원동력이다. 꿈과 삶에 대한 질문을 하고 스스로 그 고민과 궁금함의 여정으로 나아가도록 도와야한다.

1) 닫힌 질문 vs 열린 질문

닫힌 질문은 '네, 아니오'로 답할 수 있는 단답형 질문이다. 열린 질문은 '네, 아니오'로만 답할 수 없고, 자신의 생각이나 경험을 이야기 해야 하는 질문이다. 일반적인 대화에서는 두 가지 질문법 다 필요하다. 그러나 코칭에서는 열린 질문을 선호하고 지향한다.

닫힌 질문	열린질문
학교는 다닐만해?	학교 다니면서 어때? 어떤 점이 좋아?
공부하는 거 힘들어?	공부하면서 어떤 점이 힘들어?
너 꿈 있니? 없니?	네 꿈은 뭐야? 어떤 꿈들이 있어?
한 주 동안 잘 보냈니?	한 주 동안 어떤 일들이 있었니?

2) 부정 질문 vs 긍정 질문

부정 질문	긍정 질문
아직까지 이것을 안했니?	이거 어디까지 했니? 언제까지 할 예정이니?
어째서 이렇게 된 거야?	좀 더 잘 할 수 있다면 어떤 모습일까?
하고 싶은 것이 없는 이유가 뭘까?	하고 싶은 것을 마음껏 한다면 어떨 것 같아?

부정 질문은 방어적이 되어 변명하는 대답을 하게 된다.

긍정 질문은 스스로 상상하고 참여를 유도하며 자신의 생각을 이야기하게 한다.

3) Why 질문 vs How 질문

Why	How
왜 하지 않았어?	어떻게 하면 할 수 있을까?
왜 실수를 했니?	어떻게 하면 실수를 줄일 수 있을까?
왜 운동을 안 하니?	어떻게 운동을 시작해보면 좋을까?

Why 질문도 근본적인 이유를 생각해 볼 수 있는 중요한 질문이다. 다만 코칭 대화에서는 실행과 성장을 중요하게 생각하기에, 대안을 제시하는 '어떻게 하면 좋겠니?' 등의 how 질문을 선호한다.

- 한 가지 추가하자면 상대가 마음껏 안심하고 상상해 볼 수 있는 가정형 질문을 해보면 좋다.

"만약에?" "혹시?" "마음껏 상상해본다면"

가정형 질문의 예

> "마음껏 상상해봐!"
>
> "절대 실패하지 않아! 그럼 너는 어떤 것들에 도전하겠어?"

질문할 때 유의 사항

1. **질문하기 위해 경청하지 말고, 경청하기 위해 질문해라**

보통 내가 궁금한 것에 집중하다가 상대가 진정 말하고자 하는 것을 놓치는 경우가 많다. 질문을 하면서 상대가 정말 말하고 싶은 내용, 감정, 의도, 욕구 등등을 잘 듣고 질문해보자.

2. **열린 마음을 가지고 상대에게 질문을 해보자**

나의 편견과 선입견을 내려놓고, 상대의 다양한 의견을 듣고 질문해 보자. 내가 생각하는 그 단어의 의미와 상대가 말하는 단어의 의미가 다를 수 있으니, 또 질문하고 질문하자.

3. **상대방에 대한 관심과 호기심을 표현해보자**

질문을 할 때 진정으로 상대에게 관심을 가지고 표현을 해보자. 그렇게 하면 상대는 안전하다고 느끼며 자신의 마음을 열고 진심으로 대화하려 할 것이다.

4. **꾸준히 연습을 해보자**

질문하기는 질문하는 습관, 들으려는 태도, 상대를 존중하는 마음의 영역이다. 계속해서 질문과 경청을 하면서 다양한 상황에서 반복해서 사용해보도록 노력해보자.

5. 상대에게 고마워해주고 기다려주세요.

상대가 질문에 답을 하거나 마음을 여는 것에 시간이 걸릴 수 있다. 그것을 안내하며 기다려주고 고마움을 표현해보자.

자녀에게 맞는 '기적 질문'을 하라 | 01

우주 정복을 꿈꾼 아이

정우(가명)라는 아이의 이야기를 해보려고 한다. 이 친구는 학교를 오랫동안 가지 않아 퇴학당할 위기에 있었다. 정우가 학교에 가지 않는 이유는 '재미가 없다'는 것이었고, 밤에는 클럽을 다니거나 음주를 하는 것이 유일한 낙이었다.

간혹 부모가 코칭받기를 요청해서 억지로 나를 만나러 오는 친구들이 있다. 처음 정우를 만났을 때 정우도 나에 대해 호의적인 느낌은 아니었다. 나를 부모의 '스파이?' 같은 그런 느낌으로 생각하는 것 같았다. 그 심정도 충분히 이해는 간다. 어쨌든 나는 코치로 이런저런 질문을 했다.

"학교는 너에게 어떤 의미야?"

"그냥 재미 없는 곳요."

"하고 싶은 게 있니?"

"매일 클럽에서 놀기."

사실 이 정도 대화는 많은 친구들에게 나올 수 있는 뻔한 답일 것이다. 클럽이 게임, 잠자기, 아무것도 안 하기 등등으로 바뀔 뿐이지…

그렇게 서로를 알아가고 나에 대한 마음이 조금 열리는 것이 보였다. 그 순간을 놓치지 않고 '기적 질문'을 던졌다(기적 질문은 자신이 원하는 '기적'에 대해 나누어보는 질문인데 나의 경험상 실제로 '기적'을 가져오는 질문같이 느껴지기도 한다). "정우야 내일 잠에서 깼는데 기적이 한 가지 일어났어! 무슨 일이 일어나면 좋겠니?" "기적요? 아무거나요?" "응. 그냥 네가 바라는 기적 아무거나." "음…." 이 정도 되면 보통 아이들에게 재밌고 신기한 창의적인 질문들이 쏟아지는데, 이 친구는 나에게 이렇게 답했다.

"우주 정복요."

"응?"

이 대답을 듣고, 솔직히 속으로 조금 화가났다. 장난을 치는 느낌이었다. 그래도 참고 계속 물었다. "우주 정복! 그것이 네 삶에 어떤 의미야? 왜 그렇게 중요해?" "음… 뭔가 존경받고 인정받는 느낌이 들 것 같아요." "오, 존경받고 인정받는 느낌! 좋은데? 그럼 그 다음날 아침 또 다른 기적이 일어났어! 어떤 기적이 일어나면 좋겠니?" "음…." 이번 답은 두 번째이니 방금 전 대답보다는 조금 더 기대했다. 그런데 역시나 대답은 약간 황당했다. "저, 영생요. 영원히 사는 거"라고 답하는 것이었다. 별 수 없이 차분히 그렇게 답한 이유를 다시 물었다.

"아, 영생? 그건 네게 왜 중요하니? 어떤 의미가 있니?" "음…, 뭔가 영생하면 특별하고 주목받을 것 같아요." "오, 특별하고 주목받고 좋겠네. 네가 말한 존경과 인정, 특별한 느낌이 들면서 주목받을 것 같은 직업이나 네가 하고 싶은 일을 상상해본 적이 있을까?"

그런데 이 질문을 하자, 정우의 표정이 확 달라졌다. 오랜 시간이 지났지만 정우의 이 순간 얼굴을 잊지 못한다. 그리고 이 친구는 약간 떨리는 목소리로 나에게 말했다. "아…, 코치님 저 정말 하고 싶은 것 있어요." "그게 뭐야?" "연극요. 연극하면서 사람들 앞에 서서 주목받고, 사람들에게 존경과 인정을 받으면 특별한 느낌이 들 것 같아요." 그리고 정우는 어머니에게 연극 배우는 것을 허락받기를 목표로 삼고 돌아갔고, 그 다음 주에 부모님께 결국 허락을 받아 연기 학원에 등록했다. 정우는 몇 년 후 연극영화학과에 들어갔다.

누구에게 소중한 열정과 흥미

이 책을 읽는 여러분께 질문을 한다. 이 부분을 그냥 지나치지 말고 당신의 답을 한번 생각해보고 적어보자. 복잡하게 생각하지 말고 짧은 시간 안에 답을 하는 것이 좋다.

Q. 질문 : 당신이 내일 잠자리에서 일어났는데, 기적이 한 가지 일어났다. 어떤 기적이 일어났는가?

A. 답변 : _____

_____

> **예제** : 다이어트 성공, 세계 여행, 초능력, 복권 당첨, 몸짱, 수능
> 만점 등등

Q. 질문 : 이 기적은 당신에게 어떤 의미인가? 왜 그렇게 중요한가?

A. 답변 : _____

_____

Q. 질문 : 또 다른 기적이 다음날 또 일어났다. 무엇이 일어났는가? (두 번째 기적)

A. 답변 : _____

_____

Q. 질문 : 이 기적은 당신에게 어떤 의미인가? 왜 그렇게 중요한가?

A. 답변 : _____

_____

Q. 질문 : 기적 질문을 적어보고 느낀 점이나 새롭게 깨달은 것이 있

는가?

A 답변 :

만일 여러분이 답변을 적었다면 그 답변 안에 여러분의 숨겨진 열망이 있음을 알아야 한다. 당신은 이 기적 질문을 통해 무엇을 느꼈는가? 무엇을 상상하고, 무엇을 기대하고, 어떤 감정을 느꼈는가? 이 기적 질문을 통해 진정 자신이 원하는 소원, 그리고 삶의 방향을 어떤 제한도 없이 상상해 볼 수 있다.

스스로 배 만드는 법을 알려주는 질문

생텍쥐페리는 "배를 만들게 하고 싶다면 배 만드는 법을 가르치기 전에 바다에 대한 동경심을 키워줘라. 그러면 스스로 배를 만드는 법을 찾아낼 것이다."라고 말했다고 한다. 인간은 억지로 하라고 한다고 변화하는 존재가 아니다. 자기 자신의 열정과 흥미, 재미 그리고 의미를 느끼기 시작했을 때 스스로 느끼고 변화한다.

기적의 질문이 바로 스스로 배를 만드는 법을 알려줄 수 있다. 바다에 대한 동경심 없이는 배를 만드는 고단한 작업을 지속하기 어렵다. 먼저 바다를 경험하며 희열을 느끼면 누가 요구하지 않더라도 스스로 바다를 향한 여정을 시작하게 된다. 부모의 요구도 아니고, 누구의 강제도 아닌, 자신의 결정에 따라서 말이다. 기적 질문은 여러 가지 상황(학력, 재산, 심리적 두려움)을 넘어서 자신이 진정으로 원하는 것을 상상하고 경험하게 해준다. 그리고 그 기적이 진정 자신에게 어떤 의미이고 왜 중요했는지 반복해서 생각하게 도와준다. 자신이 정말 원하는 것을 상상하고 그 기분을 느껴보면 자신 안에서 스스로 열정이 일어난다.

기적 질문은 아래와 같이 도움이 된다.

1. 기적질문은 상상력을 활용하고 새로운 가능성을 열어준다. 이는 현재 상황에 대한 창의적인 솔루션을 찾는 데 도움이 되는 혁신적인 아이디어와 신선한 관점으로 이어질 수 있다.
2. 원하는 미래에 대한 명확한 비전을 갖는 것은 그 비전을 현실로 만들기 위해 노력할 때 동기를 부여하고 행동을 안내할 수 있다.
3. 긍정적인 미래를 구상함으로써 희망, 낙관, 감사의 마음을 키울 수 있다. 이 긍정적인 마음가짐은 스트레스를 줄이고 회복 탄력성을 높여준다.

자기만의 보물을 찾게 하는
질문을 하라
02

우연히 들어간 카페에서 본심을 듣다

한 아버님께서 자녀에 대한 고민을 가지고 찾아왔다. 민준(가명)
이는 정규학교 과정을 일명 '부적응'하여 떠났고, 새롭게 입학한 대
안학교에도 적응하지 못해 결국 자퇴하고 집에 있는 상황이었다.
학교도 가지 않고 집에서 밤을 새워가며 게임만 하는 민준이의 모
습에 부모는 속이 타들어가고 있었다. 그 기간이 길어지니 더욱 애
타는 마음이 커졌다.

부모는 컴퓨터나 공유기를 없애보기도 하고, 민준이가 밤을 지
새고 게임하는 것을 막기 위해 부모가 밤에 같이 잠을 자보기도 했
지만 아이와의 갈등만 더욱 커질 뿐이지 상황은 쉽사리 좋아지지
않았다. 나는 민준이와 일대일로 대화를 나누기 시작했다. 민준이
는 부모의 권유로 하게 된 코칭이었기에 나에게 그다지 호의적이지

않았다. 무엇을 물어봐도 그저 다 싫고, 재미없다고 말할 뿐이었다. 민준이를 만난지 8회차까지 코칭은 참 쉽지 않은 상황이었다. 어떤 질문을 해도 딱히 반응도 없고, 자신이 좋아하는 컴퓨터 게임 외에는 하고 싶은 것이 전혀 없었다. 다만 조금씩 나와의 관계에 대한 마음 정도는 열리고 있었다.

하루는 도저히 진행이 어려워 분위기 전환을 위해 강남의 분위기 좋은 카페에서 만났다. 그곳에서 달달한 음료를 마시며 이야기를 하던 민준이가 갑자기 밖을 바라보며 눈을 떼지 못했다. 무언가 홀린 듯이 한참을 바라보던 민준이에게 내가 물었다. "뭐야? 뭐가 그렇게 재밌어?" 그랬더니 민준이는 눈을 반짝이며 이렇게 이야기했다.

"벤츠요. 저 벤츠는 v8 트윈터보엔진에 612마력이에요. 그리고 사양은…"

그 이후, 민준이는 내가 알아들을 수 없는 전문적인 이야기를 한참 꺼내놓았다. 무엇을 물어도 말이 짧고 재미있는 것이 없다던 민준이의 눈빛이 달라지더니 그렇게 재밌고 신나 보일 수 없었다. 난 그때 "아, 이거다"하고 세상이 밝아지는 느낌이었다. 그 분위기를 더 살려 난 또 물었다.

"저 차는 뭐야?"

"아, 저 차는 2020년식 BMW예요. 엔진과 마력은…" 그때부터 내 눈에 민준이는 '자동차 박사'로 보였다. 그렇게 우리는 한참 이야기를 나누었다. 이야기를 다 들은 나는 이렇게 말했다. "너, 정말 대단하다. 자동차에 대해 어떻게 그렇게 잘 알아?"

"전 어렸을 때부터 그냥 자동차가 좋았어요. 그런데 이게 쓸모 있나요? 그냥 혼자 외우는 취미죠. 아직 운전할 수 있는 나이도 아닌데요 뭐."

신나게 자동차에 대해 이야기하던 민준이는 오히려 갑자기 슬퍼 보였다. 사랑하는 자동차이지만 자신의 삶에서 이룰 수 없는 꿈이라고 생각하고 있었고, 너무나 하고 싶지만 아직 운전도 못하는 자신의 현실을 안타까워하고 있었다. 나는 민준이에게 질문을 했다.

 보물을 찾아주는 질문

"민준아, 만약 10년 후 네가 가장 만족하는 삶을 살고 있다고 생각해보자. 그때 너는 어떤 모습으로 살고 있을 것 같아? 조금 전 자동차와 연결해서 하고 싶은 것을 마음껏 이야기해봐."

"10년 후예요? 자동차와 연결해서요? 다 가능하다면요?"

"응."

"저는요 자동차 정비사가 되어서 세상에 나와 있는 차들을 직접 내 손으로 다 만져보고 싶어요. 운전도 아주 잘하는 멋진 드라이버가 되고 싶고요."

"그렇구나. 그때 기분이 어떨 것 같아?"

"당연히 너무 좋죠."

"그럼 10년 후 그 모습이 되기 위해 당장 1년, 아니 6개월 안에 한 가지씩 준비해본다면 무엇을 하는 게 좋을까?"

"용돈을 모아서, 먼저 독일의 자동차 박물관에 가보고 싶어요. 책에서만 봤던 차를 직접 보면 정말 굉장할 거예요."

나는 그날 민준이와의 대화를 마치고 민준이의 아버지께 전화를 드렸다. 오랫동안 아버지와 대화를 하며 계획을 짰다. 쉽지 않은 상황이었지만, 몇 개월 후 민준이의 아버지는 독일 자동차 박물관을 아들과 함께 다녀왔다. 그리고 1년 후 민준이는 나와 구체적으로 계획을 세우고 미국으로 유학을 갔다.

현재 민준이는 자동차 정비사를 꿈꾸며 공부를 하고 있다. 민준이의 SNS 프로필에는 운전하고 있는 자신의 사진이 올라와 있다. 내 마음도 뿌듯하다.

 무엇을 원하는가?

이 책을 읽고 계신 여러분께 질문한다. 이 부분을 그냥 지나치지 말고 여러분의 답을 생각해보고 적어보자. 복잡하게 생각하지 말고 빠른 시간 안에 답을 하는 것이 좋다.

Q. 질문: 어떤 것도 제한하지 않고 이루고 싶은 꿈, 가지고 싶은 것, 되고 싶은 인물 등을 100가지 정도 적어보자.

A. 답변:

예제 : 프로 운동선수, 세계여행, 뮤지션, 대학합격, 배우, 가수, 작가, 틱톡커, 기후변화 해결, 결혼, 오토바이 세계일주, 여행유투버, 부모님 집 사드리기, 마라톤, 몸짱, 해외연수, 보트 사기, 등등

Q 질문 : 이 글을 적어보고 느낀 점이나 새롭게 깨달은 것이 있는가?

A 답변 :

자신이 한 답변을 보고 있으면 그 안에 자신이 잊고 살았던, 그리고 잃어버리고 살았던 꿈이나, 목표 혹은 내 모습 등을 찾을 수 있다. 답변 안에 당신의 보물창고가 있다.

길의 끝에 가봐야 다른 길을 발견할 수 있다

스스로에게는 보잘 것 없어 보이거나 아무것도 아니라고 생각되는 영역과 재능이 있다. 그러나 그 누구도 자기만의 작은 보물들이 있기 마련이다. 그것을 직업까지 발전시킬 수도 있고 평생 취미로 가질 수도 있겠지만, 그 작은 영역들을 발견해가는 여정은 그 무엇과도 바꿀 수 없는 경험이고, 그 과정에서 수많은 삶의 지혜들을 배우며 자신을 발견해갈 것이다.

앞에 말한 자동차 정비사가 되고 싶은 민준이에 대해 부모님은 걱정하고 있었다. "코치님, 정말 이 아이를 자동차 정비사가 되도록 꿈꾸게 놔두는 것이 맞을까요? 자율주행자동차 시대가 오고 있고, 전기자동차 시대도 점점 빨리 오고 있어서 지금의 정비 기술이 얼마나 쓸모 있을지 모르겠습니다. 세상은 정말 빠르게 바뀌고 있고, 자동차 부문은 더 그럴 텐데요. 이렇게 일찍 진로를 정하는 것이 맞는지도 걱정됩니다."

걱정하시는 부모님께 이렇게 말씀드렸다.

"전 사실 민준이가 실제로 자동차 정비사가 될 가능성은 생각보다 굉장히 적을 것이라고 생각합니다."

"네? 그런데 왜 자동차 정비로 나아가도록 꿈을 정하신거죠?"

"네…, 민준이의 삶이 어떻게 진행될지는 모르겠지만 지금 민준이가 자신만의 확신과 꿈을 가지고 스스로 삶의 북극성을 쫓아간다면 그것을 믿고 지원하는 것이 저희의 역할이라고 생각합니다. 제가 코칭을 20년 가까이 하면서 느낀 한 가지는 누구든지 자기 삶의 여행 속에서 배우고 발전시키며 스스로 자신을 찾아간다는 것입니다. 민준이가 자동차 정비 기술을 배우다가 중간에 이 길은 아니라고 판단해 다른 길을 선택할 수도 있고, 아니면 진짜로 정비 기술사가 될 수도 있습니다. 어느 길에 닿든, 길의 끝까지 가봐야 다음번 길을 발견할 겁니다. 그 과정에서 수많은 것들을 배우며 성장해 있을 것이고요."

"사람이 여행을 하는 것은 도착하기 위해서가 아니라 여행하기 위해서이다." — 괴테

보물을 찾게하는 질문은 아래와 같이 도움이 된다.

1. 꿈을 상상하고 적어보면 내면의 동기와 추진력에 불을 붙일 수 있다. 장기적인 목표를 설정하고 미래에 대한 비전을 만들 수 있다.
2. 긍정적인 미래를 상상하는 것은 낙관주의와 희망의 감정을 불러일으킬 수 있다. 기회, 성장 및 행복으로 가득 찬 더 밝은 내일을 상상하는 데 도움이 된다.
3. 이 연습은 이러한 문제를 극복하고 다른 쪽에서 더 강해지는 자신을 시각화함으로써 탄력성을 구축하는 데 도움이 될 수 있다.

03 | 감정을 발산하게 하는
질문을 하라

'누가 봐도' 모범생

누가 봐도 모범생이었던 찬영(가명)이 이야기를 해보려고 한다. 모든 부분에서 어른스럽게 생각이 깊었고, 오히려 부모님을 격려해 드리며 도와드리는 친구였다. 찬영이는 누가 봐도 걱정할 필요가 없는 그런 친구였다. 나는 찬영이와 코칭을 진행하며 찬영이의 행동을 칭찬하거나 더 잘하기를 요구하지 않았다. 그저 찬영이의 이야기를 듣고, 도리어 찬영이가 너무 잘하려고 하는 노력을 줄여주고자 했다.

어느 날 찬영이에게 물었다.

"요즘 제일 걱정되는 건 뭐야?"

늘 웃고 바른 모습을 보였던 찬영이의 얼굴이 갑자기 어두워졌다. 그러고는 찬영이의 입에서 나온 말을 지금까지 잊을 수가 없다.

"저는 제 자신이 제일 무서워요."

"조금 더 설명해줄래?"

"제 안에 정말 큰 어두움이 있어요. 이것을 어떻게 해야 하는지 모르겠어요."

"아, 그렇구나. 우리 함께 그 이야기를 해보자."

그렇게 몇 년 동안 찬영이와 나는 그 어둠에 대해 이야기를 나누었다. 결국 부모님의 큰 기대와 사랑의 무게가 찬영이를 억누르고 있었고, 늘 잘해야 하고 모범적이어야 하는 자신의 무게를 힘겨워하고 있었다. 자신 안에 있는 분노, 부담, 걱정, 슬픔 등을 나와 함께 나누며 찬영이는 자신 안에 있는 무게를 조금씩 내려놓았다.

처음에는 되레 주변에서 걱정을 했다고 한다. 착하던 애가 조금씩 화도 내고, 부탁을 다 들어주던 친구가 거절을 하니 말이다. 심지어 "코칭을 하고 좀 못돼졌다"라는 말을 듣기도 했다고 한다. 그런데…, 그 친구는 그런 자신이 더 편해졌다고 말해주었다. 이런저런 과도기의 시간도 있었지만 지금 청년이 된 찬영이는 세상을 더욱 정의롭게 바꾸기 위해 꿈을 꾸며 공부해나가고 있다.

너 마음은?

만일 주위의 시선이나 주변인을 더 생각하느라 자기 마음을 가장 뒤쪽으로 미루어 두고 살아가지는 않는가? 만일 자녀나 친구 중에, 형제나 자매 중에 지나치게 모범생이거나 누구에게나 착한 사람이 있는가? 한 명쯤 생각난다면, 그리고 당신 안에 그런 부분이 조금이라도 있다면 이 질문을 지나치지 말고 자신들의 답을 한번 적어보자.

길게 생각하거나 복잡하게 생각하지 말고 10초 안에 답을 하는 것이 좋다.

Q 질문 : **요즘 나의 걱정거리나 복잡하게 만드는 생각은 무엇인가?**
(그 이유는?)

A 답변 : _____

_____

Q 질문 : **요즘 나의 삶의 만족도는 몇 점인가?** (아주 만족 10점, 최악 0점)

A 답변 : _____

_____

Q 질문 : **위의 삶의 만족도를 낮추는 이유는 무엇인가?** (예: 학업, 관계,
직장 등)

A 답변 : _____

_____

Q 질문 : **이 글을 적어보고 느낀 점이나 새롭게 깨달은 것이 있는가?**

A 답변 : _____

답변을 적어보면, 자신이 현재 얼마나 감정을 억압하고 있는지가 보일 것이다. 답변을 적는 중에 이미 감정의 분출이 1차적으로 일어날 수 있을 것이다. 그러고 나면 자신의 감정을 발산하는 일에 발 벗고 나서야 한다. 그 일은 어렵지 않다. 내가 청소년들과 했던 방식을 아래에 소개한다.

우는 법을 잊어버린 나

양초를 계속 태우면 어떻게 될까? 초 자체가 연료이기 때문에 연료를 태우면서 조금씩 작아지고 결국에는 초가 없어진다. 연료를 다 사용했기 때문에 그렇다. 우리의 감정도 마찬가지이다. 연료를 태우면 없어지는 초처럼 감정도 느끼면 사라진다! 감정은 하나의 에너지이기 때문이다. 그래서 사용하면, 즉, 그 감정을 느끼면 없어진다는 것이다.

어린아이들이 우는 모습을 본 적이 있을 것이다. 어린아이들은 우는 것을 주저하지 않는다. 그냥 울고 싶을 때 실컷 운다. 내 딸도 어렸을 때 뭐가 자기 마음에 안 들면 그냥 세상 끝난 것처럼 펑펑 울다가 실컷 울고 나면 다시 웃으면서 아무렇지 않게 다가와서 배고프니까 밥 달라고 했던 기억이 난다. 그런데 10대, 20대에 접어들면서 우리는 우는 법을 점점 잊어버린다. 사실 그건 우리가 감정을 느끼는 법을 잘 배우지를 못했기 때문이다. 즐겨 부르는 크리스마스 캐럴 중에, "울면 안 돼, 울면 안 돼" 가사로 시작하는 노래도 있지 않은가? 산타할아버지도 우는 아이에게는 선물을 주시지 않는다고 노래하는 것만 봐도 우리가 감정을 얼마나 억압하면서 살아왔는지 알 수 있다. 이처럼 우리는 한 살 한 살 자라가면서 보통 슬픔이나 아픔이라는 감정이 찾아오면 피하거나 도망가고 또 억압하는 것에 익숙해지게 되었다. 슬픔이나 아픔의 감정을 제대로 다 느끼지도 못하게 한다. 안타깝게도 우리는 슬픔과 아픔이라는 감정을 건강하게 표현하는 법을 잘 배우지 못했다. 사실 그때 그때 감정을 잘 느끼면 되는데, 그렇게 하지 못하고 마음 깊이 쌓일 때가 많다.

중요한 건, 그 순간의 감정을 잘 느끼면 그 감정이 어느새 초가 녹는 것처럼 녹는다는 것이다.

나는 감정이 억압된 아이들과 만날 때면 감정을 발산하게 하는 질문을 던진다. 아이들에게 그 주에 있었던 일 가운데 매우 화난 일, 짜증 난 일, 슬펐던 일 등을 물어보고 마음껏 욕하고 흉보는 시간을 갖는다. 그리고 난 뒤에 이 말을 따라 하게 한다.

"슬프고 화나는 나를 사랑하고 받아들인다."
"슬프고 화나는 나를 받아들이고 용납한다."

이렇게 충분히 자신을 위로해주면 어느새 마음이 스스로 회복된다. 우리의 자녀들이 스스로 자신의 감정을 잘 느끼도록 돕고 위로해주자

감정을 발산하게 하는 질문은 아래와 같이 도움이 된다.

1. 생각과 감정으로부터 거리와 객관성을 얻는 데 도움이 된다. 이를 통해 다른 관점에서 볼 수 있으므로 더 쉽게 분석하고 객관적으로 평가할 수 있다.
2. 스트레스나 불안을 유발할 수 있는 억눌린 감정을 해소하고 감정을 발산할 수 있다. 글쓰기는 내면의 생각과 감정을 표현할 수 있는 안전하고 사적인 공간을 제공하여 건전한 방식으로 처리하고 발산할 수 있도록 한다.
3. 걱정이나 복잡한 생각을 종이에 적음으로써 질서와 통제력을 갖게 된다. 생각과 감정을 외부화하는 이 행위는 마음에 가해질 수 있는 부담을 완화시켜 안도감과 휴식을 가져다줄 수 있다.

04 절대 질문은 자신의 진정한
강점을 찾도록 돕는다

 늘 다른 친구를 부러워했던 청년

세영(가명)이라는 한 청년의 이야기이다. 세영이는 늘 다른 친구를 부러워했다. 사실 세영이는 인기도 많고 끼도 많은 친구였다. 그런데 세영이는 오히려 조용하고 안정된 직업을 찾아가는 친구들이 늘 부러웠다. 어쩌면 세영이의 부모가 약간은 불안정한 직업을 가지셔서 늘 불안했었는지, 자신만큼은 안정되고 확실한 직업을 찾으려고 노력했던 것 같다. 교사라든지 대기업 연구원, 공무원 등을 선택하고자 했다.

그런데 내가 보는 세영이는 조금 달랐다. 늘 세영이 주변에는 사람들이 몰려들고 세영이도 사람들을 좋아했다. 세영이의 강점은 함께 일하는 것에 있었고, 예술적인 감각이 있었으며, 창의적이었다. 하지만 세영이는 가정 속에서의 상처 때문인지 그런 자신이 가진 능력은 무시하거나 오히려 감추고 싶어했다. 그래서 자신의 재미와 의미, 강점을 무시한 채 늘 강점이 있지 않은 일에 도전했고, 늘 잘 안 되는 자신에게 실망하고 좌절했다.

이제 자신의 강점을 가지고 세상과 경쟁한다

오랫동안 방황하던 세영이와 코칭을 진행하며 자신의 강점을 적어 보는 시간을 가졌다. 세영이는 잘하는 것들이 정말 많았다. 음악, 연극, 친구들과 영상 촬영 등등, 그리고 사람들에게 재미와 감동을 주는 것도 잘했다. 특별히 마이크를 잡고 사람들 앞에서 이야기를 하는 것을 잘했고, 늘 색다르게 생각할 수 있다는 것이 특징이었다.

그렇게 신나게 이야기를 나누었지만 세영이는 자신만큼은 안정된 직업을 가져야 한다고 슬픈 표정을 지었다. 그렇게 한 번 두 번 세영이 마음속의 염려와 걱정들을 함께 경청하고 치유하는 시간들이 이어졌고, 세영이는 새로운 도전을 시작했다. 계속 자신의 강점을 외면한 채 안정되게 보여졌던 직업들을 찾기를 멈추고, 본인의 강점에 맞는 일을 찾아보기로 했다.

그렇게 찾고 찾던 도중 한 대기업에서 상품을 소개하고 판매하는 세일즈 일을 찾아 지원하고 합격하였다. 세영이는 사람들을 만나는 것에서 에너지를 얻었고, 제품을 잘 판매할 수 있는 아이디어를 내어 사내에서 상을 받기도 했다. 영상 제작을 하기도 하고, 영상 플랫폼을 만들어 올리기도 했다. 세영이는 여전히 과정 가운데 있지만 이전과는 다르다. 자신을 싫어하거나 거부하지 않고 이제는 자신의 강점을 가지고 살아가고 있다.

강점이 무엇인지, 잘하는 것이 무엇인지 적어보라

자녀가 무언가 자신과는 맞지 않는 옷을 입고 있는 듯 보인다면, 자녀의 강점은 다른 데 있는데 자녀가 왠지 다른 곳에 마음을 쏟고 있는 듯 느껴진다면, 자녀들을 살펴보기 전에 부모인 내 마음을 먼저 살펴보자. 누군가의 말에 영향을 받았거나 상황에 따라 여러분 자신의 강점을 억압하며 살지는 않았는가? 그래서 자녀 또한 그렇게 살아야 한다고, 단점을 없애며 살아야 한다고 생각지 않았는가?

살면서 단점을 보완하는 것은 아주 중요한 일이고 꼭 필요한 일이다. 하지만 단점에는 나만의 특징과 강점도 포함되어 있기 마련이다. 특징을 없애면 단점이 없어질지 몰라도 개성 또한 잘 발달할 수 없을 것이다.

자녀와 부모 모두, 강점이 무엇인지, 잘하는 것이 무엇인지 적어보자. 그 일 자체가 거울처럼 당신의 본모습을 보여주게 될 것이고, 그것이 곧 자신의 진정한 강점을 찾도록 도와주는 일이 될 것이다.

Q. 질문: 어떤 일을 할 때 매우 몰입하거나 집중하게 되었던 경험이

있는가?

A 답변 : _____

Q 질문 : 시간이 빨리간다고 느끼는 순간은 어떤 일을 할 때였나?

A 답변 : _____

Q 질문 : 어떤 일을 할 때 주변에서 잘한다고 칭찬을 받았나?

A 답변 : _____

강점 질문은 아래와 같이 도움이 된다.

1. 자신이 가진 능력과 재능을 발견하고 이를 활용하여 더욱 효과적으로 자신의 일을 수행할 수 있게 돕는다.
2. 내면의 자신감이 높아진다. 이는 자신의 능력을 인정하고 존중하는 것으로 연결되어 성장과 발전을 하는 데 큰 도움이 된다.
3. 강점 질문은 자신이 어떤 분야에서 능력을 발휘할 수 있는지 파악함으로써 자신의 진로나 학과를 정하는 것에 도움을 준다.

05 절대 질문은 '심장이 뛰는 일'을 찾아준다

 선생님, 저는 잘하는 것이 하나도 없어요.

나와 코칭을 하던 선아(가명) 이야기를 해보려고 한다. 중학생인 선아는 자기가 잘하는 것이 없다고 생각해서 늘 자신이 없었다. 자신의 마음을 나눌 친구가 없어서 늘 외로웠다. 관계가 어려운 이유가 자신이 공부를 못하기 때문이라고 생각했다. 이렇게 항상 친구들과 자신을 비교하다 보니 외모나 공부, 그리고 나머지 모든 성격까지도 열등하게 느껴져 괴로워했다. 이 모든 원망의 감정은 안팎으로 향했다. 선아는 부모님을 깊이 원망하고 세상을 향해 깊은 분노를 가지고 있었다. 그러던 중에 나를 만나게 되었다. 나는 선아의 감정을 깊이 공감한 후에 1년간 계속 이 질문을 했다.

"너 정말 좋아하는 일이 있어? 뭘 할 때 가슴이 뛰니? 뭘 잘하니?"

 무엇을 할 때 가슴이 뛰너?

물론 선아는 처음에 이 질문에 대답을 하지 못했다. 그러나 지속적으로 자신에게 없는 것(키, 외향적인 성격, 외모, 성적 등)만 찾던 선아는 이 질문을 통해 자신의 내면을 들여다보기 시작했다. '다른 사람에게는 없지만 나에게 있는 것은 무엇인가?', '그럼에도 불구하고 내가 사랑하고 좋아하고 재밌어하고 잘하는 것은 무엇일까?' 그러면서 선아는 자신이 예민하고 세심한 성격임을 깨달았고, 이를 받아들이며 글도 쓰고, 악기를 배우기 시작했다. 물론, 중간에 계속되는 자기연민 그리고 좌절들로 고민이 있었다. 그러나 결국 선아는 자신이 원하던 전공을 선택해 입학을 하고, 현재 공부와 음악을 병행하고 있다. 물론 진정한 자신을 찾아가면서 자존감도 높아지고 자신을 가꾸기 시작했다. 외모도 정말 많이 변하고, 성격도 밝아졌다. 난 선아를 생각할 때마다 정말 뿌듯하고 자랑스럽다.

남과 비교하여 나에게 없는 것만 찾는 삶은 얼마나 불행한가? 세상 모든 것이 없어도 나에게 있는 그 한가지를 찾아 자신감과 자존감을 가지는 삶을 살도록 지원하자.

내가 좋아하고 재미있어 하는 것은 무엇인가

이 책을 읽는 여러분께 질문한다. 이 부분을 그냥 지나치지 말고 여러분의 답을 한번 생각해보고 적어보자(복잡하게 생각하지 말고 즉각적으로 답을 하는 것이 좋다). 내가 좋아하고 재미를 느끼는 것은 무엇인가? 취미, 놀이, 사소한 것들이라도 좋다.

Q. 질문 : 당신이 좋아하는 것, 재미를 느끼는 것은 무엇인가?
A. 답변 : _____

_____

Q. 질문 : 이것을 했을 때 가슴이 뛰거나 보람 있었던 적은 언제인가?
A. 답변 : _____

_____

Q. 질문 : 그래도 이것 하나는 잘한다고 생각하는 것은 무엇인가? (사소한 것이라도 좋다)
A. 답변 : _____

_____

Q. 질문 : 당신만의 재미, 의미, 장점은 무엇인가?
A. 답변 : _____

Q. 질문 : 이 질문을 적어보고 느낀 점이나 새롭게 깨달은 것이 있는가?

A. 답변 :

 나의 강점을 찾아보자

마커스 버킹엄은 그의 저서 《강점의 혁명》에서 재능을 '생각, 감정, 행동의 반복되는 패턴'으로 정의한다. 버킹엄에 따르면 재능은 일관되고 반복적으로 생각하고 즐기고 활동에 참여하는 방식을 의미한다. 즉, 재능은 단순히 타고난 능력이나 소질을 소유하는 것이 아니다. 그것은 개인이 나타내는 생각, 감정 및 행동의 일관된 패턴을 포함한다.

버킹엄은 재능이 예외적이거나 비범한 능력에 제한하지 않고 일상적인 활동과 관심사에서 찾을 수 있다고 강조한다. 재능을 정의하는 것은 특정 영역에서 일관된 즐거움과 숙련도이다. 예를 들어, 피아노 연주에 대한 열정을 지속적으로 나타내고 탁월하게 연주하는 사람은 음악에 대한 재능을 보여준다.

재능에 대한 이러한 관점은 타고난 것이라는 개념 대신 의도적인 연습, 반복 및 관련 활동의 진정한 즐거움의 중요성을 강조한다.

버킹엄이 설명하는 것처럼 재능은 특정 영역에 대한 지속적인 참여와 깊은 관심을 통해 개발된다.

전반적으로 버킹엄의 재능 정의는 고정되거나 타고난 재능의 관점에서 인간 잠재력의 능동적이고 역동적인 측면으로 관점을 바꾼다. 그것은 개인이 자신의 강점을 인식하고 개발할 수 있도록 힘을 실어주며, 삶의 다양한 영역에서 탁월함을 달성하는 데 있어서 생각, 감정 및 행동의 일관된 패턴의 중요성을 강조한다.

좋아하는 것, 의미있는 것, 잘하는 것을 찾아주는 질문은 아래와 같이 도움이 된다.

1. 사소하게만 여겼던 나만의 즐거움과 재미를 돌아보고, 그것으로부터 나만의 재능을 찾도록 돕는다.
2. 재미를 넘어 힘들어도 의미 있고 가슴이 뛰는 일을 찾아봄으로써 자신의 열정과 가치가 무엇인지 느끼도록 돕는다.
3. 잘하는 것들을 적어봄으로써 자신의 원래 가진 자원을 찾도록 돕는다.

절대 질문은 미래를 그릴 수 있는 용기를 준다 06

미국에 가고 싶어 했던 친구

한 캠프에서 진행 된 '꿈 찾기 코칭' 강의에서 중학생었던 유빈이를 처음 만났다. 유빈이는 당시 내가 진행한 청소년 꿈 찾기 강의에서 자신의 꿈을 찾았다고 했다. 그때 유빈이가 꿈을 찾은 질문은 "미래 일기: 20년 후 나는 만족스러운 삶을 살고 있다. 20년 후 나의 모습은 어떠한가?"였다. 유빈이가 2년 후에 바라는 모습은 미국에 가서 공부도 하고 멋진 커리어 우먼이 되는 것이었다.

캠프 이후, 유빈이와의 코칭은 계속 이어졌고, 나는 유빈이가 꿈을 위해 노력하고 실행하도록 계속 함께 도왔다. 그러던 중 유빈이에게 비극적인 일이 생겼다. 갑자기 아버지께서 돌아가셨고, 유빈이는 더 이상 어떤 꿈을 꾸기 어려운 상황이 되었다. 학교도 가지 못했고, 심지어 가족끼리도 떨어져 살아야 했다. 그럼에도 유빈이는 여전히 그 꿈을 매일 되새기고 있었다. 그래서 아르바이트를 할 때도 희망을 가지고 늘 긍정적으로 사람들을 대했다.

결국 유빈이는 미국으로 건너갔다. 미국 생활에 적응하기 힘든 시간들도 있었지만, 유빈이는 직장에서도 인정받고, 장학금도 받았으며, 자신이 꿈꾸었던 멋진 커리어 우먼으로 살아가고 있다.

뇌가 상상할 수 있는 기회를 주자

만일 자신이 잃어버린 꿈을 찾고 싶다면, 또는 꿈이 없어 고민이라면 "미래일기 : 20년 후 나는 만족스런 삶을 살고 있다. 나의 모습은 어떠한가?"에 대한 질문을 스스로에게 해보자.

'이 질문에 대한 답변을 적을 때는 언제인가? 어디에 있는가? 누구와 있는가? 무엇을 하고 있는가?'를 구체적으로 생각해서 적으면 좋다. '돈과 상관없이 열정적으로 하고 있는 일은 무엇인가? 사람들이 나를 좋아하고, 존경하는 이유는 무엇인가? 나의 감정은 어떠한가?'로 질문을 확장해서 생각해도 좋다.

Q. 질문 : 20년 후 당신은 만족스러운 삶을 살고 있다. 당신의 모습은 어떠한가? (이 답변은 다른 답변보다 구체적으로 써주면 좋다. 미래 일기인 만큼 언제, 어디에서, 누구와 무엇을 어떻게 하고 있는지가 다 드러나도록 써주면 좋다. 그리고 왜 그 일을, 그때 나의 감정이 어떤지를 생생하게 느껴보는 것이 중요하다. 그때를 상상하고 감정을 느끼며…, 뇌가 상상

할 수 있도록 기회를 주는 일이 된다.)

A 답변 : _____

_____

_____

_____

_____

Q 질문 : 미래 질문을 적어보고 느낀 점이나 새롭게 깨달은 것이 있는가?

A 답변 : _____

_____

_____

_____

_____

미래를 상상하는 질문은 아래와 같이 도움이 된다.

1. 목표를 설정하게 함으로써 자신 안의 자원을 잘 사용하고 더 나은 결과를 이루기 위해 노력하게 돕는다.

2. 미래를 상상함으로써 긍정적인 마인드를 가질 수 있게 돕는

다. 더 나아가 좀 더 삶을 낙관적으로 바라보게 도와준다.

3. 미래를 그릴 수 있는 용기를 줌으로써 스스로에 대한 믿음을 강화시키고 스스로에게 자신감을 준다.

절대 질문은 삶에 도전하게 해준다 07

 꿈은 이루어진다

2019년에 펴낸 나의 책 《아무도 나에게 물어보지 않았던 것들》 (훈훈, 2019)의 인터뷰어였던 작가님의 이야기이다. 책을 인터뷰하던 도중 내가 그에게 질문을 하게 되었다.

"실패하지 않는다면 무엇에 도전하시겠어요?"

그 질문에 그는 얼굴이 밝아지며 이렇게 답을 하였다.

"저는 미국 동부와 서부를 다니며 NBA 농구 경기 중 스테판 커리의 농구 경기를 직관하고 싶어요. 그리고 LA다저스 류현진의 경기를 현장에서 보고 싶습니다."

그는 정말 이것을 간절히 하고 싶어 했다. 그는 이 이야기를 하며 얼굴이 발그레해질 만큼 기분이 좋아지고 흥분되어 있었다. 그래서 내가 다시 물었다.

"그런데 왜 실행하지 않으세요?" 그러자 그는 약간 침울해진 얼굴로 "가정이 있고 할 일이 많은데 제가 혼자 어떻게 그렇게 사치를 부리겠어요." 라고 했다.

맞다. 어린 세 자녀를 두고, 바쁜 일상을 사는 그로서는 실제로는 불가능하다고 생각되는 꿈이었다. 행복한 일을 상상하며 그는 정말 즐거웠지만…, 또한 불가능해 보이는 현실에 그는 약간 서운해했다. 그 후 나는 다시 물었다.

"미국으로 건너가 스포츠를 관람하는 것이 작가님께 어떤 의미가 있습니까? 왜 그렇게 중요합니까?"

그는 이렇게 답을 했다.

"제 삶에 스포츠는 한 사람 한 사람의 역사이고 이야기입니다. 그 이야기를 현장에서 직접 관람할 수 있다는 것보다 더 큰 감동과 역동이 없을 것 같습니다."

"아, 그렇군요. 그럼 그럼에도 불구하고 미국에 가서 스포츠 관람을 할 수 있는 방법은 무엇이 있을까요? 그냥 다 이야기 해보세요"라고 질문하자 그는 "빚을 진다", "부모님께 부탁한다", "돈을 모은다", "제가 예전에 도움드렸던 회사 회장님께 말씀 드려본다" 등등의 방법을 꺼내놓았다. 그의 '회장님'이란 단어가 생경해서 내가 되물었다. "그룹 회장님요?" "아, 네~ 제가 예전에 작은 도움을 드린 적이 있는데 뭔가 다시 도움도 드리고 스포츠에 대한 글을 쓸 수 있지 않을까 싶습니다." "아 그렇군요? 그럼 그분께 한번 가볍게 이메일을 드려보는 게 어떨까요?"

그렇게 시작된 우리의 미국 가기 작전(?)은 몇 회의 코칭으로 이어졌다. 회장님께 보낼 이메일 내용도 반복 수정하였다. 그리고 결국 그는 회사의 지원을 받아 미국에 2회 다녀왔다. 그의 불가능해 보였던 꿈이 이루어지는 순간이었다. 그는 이후 스포츠에 대한 글을 썼고, K신문에 수회에 걸쳐 연재하기도 하였다.

도전하고 싶은가?

만일 도전하고 싶은데 엄두가 안 나는 일이 있다면, 또는 꿈이 없어 고민이라면 스스로에게 직접 물어보자. 우리는 의외로 '도전'에 대한 생각을 거의 안 하고 살고 있음을 알게 될지도 모른다. 도전하고 싶은 마음을 갖도록 해주는 힘은 우리 삶을 역동적으로 살아가는 데 반드시 필요하다. 현재 내가 놓인 위치, 내가 하고 있는 일, 나의 만족도 등을 모두 염두에 둔 다음 내일의 또 다른 나를 준비하도록 나의 도전을 이끌어줄 수 있다. 답변을 쓸 때는 복잡하게 생각하지 말고 즉각적으로, 떠오르는 답을 하는 것이 좋다.

앞으로 도전하고 싶은 일, 만족스러운 삶을 위해 준비하고 계획하는 일이 실패하지 않는다면, 당신은 연속해서 무엇에 도전하고 싶은가도 더불어 답변해보자.

Q. 질문 : 당신 삶에서 장기적, 단기적으로 도전하고 싶은 일은 무엇인가?

A 답변 : _____

_____

_____

Q 질문 : 이 도전은 당신에게 어떤 의미인가? 왜 그렇게 중요한가?

A 답변 : _____

_____

_____

Q 질문 : 실패하지 않는다면 또 다른 도전으로 무엇을 할 것인가? (두

번째 도전)

A 답변 : _____

_____

_____

Q 질문 : 이 도전은 당신에게 어떤 의미인가? 왜 그렇게 중요한가?

A 답변 : _____

_____

_____

Q 질문 : 이 질문을 적어보고 느낀 점이나 새롭게 깨달은 것이 있는

가?

A. 답변 :

두려움을 이겨내야
건너편의 아름다움을 볼 수 있다

당신은 이 도전 질문을 통해 무엇을 느꼈는가? 이 질문을 통해 당신은 두려움 너머에 있는 당신이 진정 원하고 바라는 바를 적었을 것이다. 그 순간 당신은 이전과 다른 힘을 얻게 되었을 것이고 그 힘을 사용해서 그 사이의 장애물들을 파악하고 넘도록 하자.

영화 〈굿 다이노〉에는 이런 대사가 나온다

"때로는 두려움을 이겨내야 그 건너편의 아름다움을 볼 수 있단다."

두려움에 가려 있을 때, 우리는 움츠러들고 더 이상을 보지 못한다. 두려움을 넘어 무엇이든 하고 있는 질문을 통해 용기를 낸 나 자신의 모습을 상상하고 힘을 내어보자.

도전 질문은 아래와 같이 도움이 된다.

1. 두려움을 넘어 내가 진정 원하는 바를 상상하도록 돕는다.
2. 새로운 아이디어와 창의적인 해결책을 생각하도록 돕는다.
3. 자신의 능력과 가능성에 대해 생각하게 되므로 자신이 더
   나은 결과를 이룰 수 있을 것이라 생각하게 해준다.

절대 질문은 자기 자신의 감정을 스스로 수용하도록 돕는다

부모의 고백

"내 아이만큼은 저같이 힘들지 않았으면 좋겠어요."

코칭하면서 종종 듣는 부모들의 고백이다. 아니 나의 고백일 수도 있겠다. 부모들은 자신 삶의 여정 속에 있었던 고통들을 내 자녀가 느끼지 않도록 도와주려고 노력한다. 간절히 애를 쓴다. 그래서 자녀가 부모에게 고통스러운 감정들을 이야기하면 서둘러 도와주거나 그 감정에 대해 긍정적으로 바꿔주려 한다. 그러나 아이들은 늘 부모에게 원하는 것이 있다. 나의 이야기를 들어주기를, 내 마음을 잘 이해해주기를 바라는 것이다.

자녀들의 이야기를 잘 들어주고 경청하고 또 질문하는 부모들에겐 한 가지 특징이 있다. 그것은 부모 자신 삶의 많은 기억들과 연결된 감정들을 잘 정리했다는 것이다. 자신이 지금껏 살면서 느껴왔던 기억과 감정을 통해 현재의 내가 있고, 나 자신을 있는 그대로 받아들이고 있기에 나의 자녀도 마땅히 자신에게 주어진 인생에서 맞닥뜨리는 고통과 기쁨을 느끼고 그것을 자양분 삼아 살아가기를 응원한다. 그리고 부모 자신이 자녀의 생각과 감정을 나눌수 있는 안전한 공간이 되어주려 애쓰고, 자녀들은 부모가 제공하는 공간에서 정서적 안정감을 느끼며 자란다.

부모가 자신의 기억과 감정이 정리되지 않으면 현재를 살면서도 과거를 후회하고 그 기억을 바탕으로 미래를 두려워한다. 그래서 자녀를 볼 때도 두렵고, 걱정된다. 물론 부모가 갖는 자녀에 대한 걱정이야 어찌 없을 수 있겠는가? 그러나 그 걱정과 두려움이 너무 커지면 자녀에 대한 집착이 되고, 자녀의 감정과 행동을 자신의 방식으로 컨트롤 해서라도 자녀를 안전하게 보호하려는 시도를 하게된다. 이것이 자녀가 어렸을 때는 힘이 없으므로 통하지만, 자녀가 자라면서 힘을 가지게 되면 통제하려는 방식은 서로에게 고통을 주기 시작한다.

감정의 총합이 지금의 나를 만든다

부모가 자녀를 사랑하는 가장 좋은 방법 중 하나는 자녀와 함께 생각을 나누고, 자녀가 자신의 감정을 잘 느끼며 그것을 통해 배우도록 돕는 것이다. 우리는 살면서 다양한 감정을 느낀다. 우리의 어릴 적을 생각해보라. 물놀이를 하며 즐거웠던 감정, 무서운 영화를 보았을 때의 무서움, 사랑하는 강아지가 하늘나라에 갔을 때의 슬픔, 엄마가 내 이야기를 공감해주지 않았을 때의 서운함 등등 수많은 감정을 느꼈고 그것이 지금의 내가 되었다.

예술의 정의에는 다양한 해석이 있지만, 일반적으로 '인간의 창조적 표현이며 감정, 아름다움, 개념, 경험 등을 표현하는 활동'으로 정의된다. 우리의 희로애락 그 자체는 잘못된 것이 아니다. 다양한 감정을 잘 느끼고 잘 경험하는 것이 부모가 해야 할 일이며 우리가 자녀에게 도와줄 수 있는 모든 것이다.

영향력 있는 10인의 기독교 지도자 중 한 명이자 베스트셀러 작가이기도 한 조이스 마이어는 "건강하지 못한 것은 감정 그 자체가 아니라 감정에 반응하는 건강하지 못한 방식"이라고 말했다.

감정을 느끼는 그 자체는 잘못이 아니다. 우린 쉽게 무서워하는 자녀에게 '무엇이 무섭냐?'되묻고, 슬퍼하는 자녀에게 '슬퍼하지 말'라고 말한다. 그런 결과가 무엇인가? 자녀는 자신의 감정에 대해 스스로 자책하거나 검열하게 된다. 후에는 자신이 이렇게 느끼는 것이 옳은 것인가? 잘못된 것은 아닌가? 생각하게 된다. 이런 억압된 감정은 결국 자녀의 행복을 가로막는다. 부모는 자녀의 감정에 대해 이렇게 반응해주면 된다. "아, 무서웠겠다. 그럴 수 있지", "그렇구나 슬펐겠다. 그럴 수 있어". 그럼 자녀는 자신의 감정에 대해 받아들이고 용납하게 된다. 이처럼 감정을 충분히 느끼고 나서 그렇게 느낀 이유와 그 다음의 행동에 대해 이야기를 나누면 된다.

감정단어를 배우게 하자

아동, 청소년들이 익히면 좋을 감정 단어 20가지를 소개한다. 이 20가지 감정을 자유롭게 표현하고 마음 놓고 펼쳐놓게만 해도, 아이들은 인생에서 다양한 감정에 반응하면서 자신의 정서와 감정을 잘 수용하며 자라게 된다.

- 만족감 : 모자람이 없이 충분하고 기쁨
- 슬픔 : 애도 또는 불행한 느낌
- 분노 : 강한 불쾌감, 성가심 또는 적대감
- 긴장·불안 : 미래나 불확실성에 대한 불안감이나 걱정
- 외로움 : 혼자 있거나 다른 사람으로부터 고립된 느낌
- 설렘 : 열광적인 기대나 간절한 마음
- 기쁨 : 행복이나 기쁨의 느낌
- 실망 : 기대가 충족되지 않아 슬프거나 불만스러운 느낌
- 미움 : 누군가 또는 무언가에 대한 강한 혐오감 또는 적개심
- 심심함 : 권태감 또는 주변 환경이나 활동에 대한 관심 부족
- 자신감 : 자신의 능력, 자질 또는 판단에 대한 신뢰감
- 부끄러움 : 뭔가 어색하거나 부끄러운 일로 인한 자의식이나 수치심
- 감탄 : 누군가 또는 무언가에 대한 존경, 경외감
- 걱정 : 부정적인 결과에 대한 불안이나 걱정

- 연민 : 고통을 당하거나 괴로워하는 사람에 대한 연민이나 공감의 감정
- 후회 : 과거에 한 일이나 하지 않은 일에 대한 실망이나 슬픔
- 사랑 : 누군가 또는 무언가에 대한 깊은 애정, 보살핌, 애착의 강한 느낌
- 감사 : 누군가 또는 무언가에 대한 고마움 또는 감사의 마음
- 동경·감탄 : 누군가에 대한 존경과 존경의 감정
- 질투 : 다른 사람이 잘되거나 좋은 처지에 있는 것을 미워하고 깎아내리고 싶은 마음

이 감정의 단어를 보여주고 패밀리 타임 시간에 서로에게 질문과 답변을 하는 시간을 가져도 좋고, 일대일로 데이트 시간을 정해서 각 감정에 대해 털어놓는 시간을 가져도 좋다.

Q. 질문 : 위의 단어 중에서 내가 요즘 느낀 감정이 있다면 무엇이 있나요?

A. 답변 : _____

_____

Q. 질문 : 부모도 자녀도 함께 느낀 감정에 대해 나누기(이때는 재미의 요소를 넣어본다. 이를테면 많이 이야기하는 사람에게 상품을 지급한다든지 이야기를 나누며 맛있는 것을 같이 먹는다든지, 가족끼리 즐겁게 나

눌 수 있는 것이면 좋다)

A 답변 : _____

_____

_____

감정을 느끼는 질문은 아래와 같이 도움이 된다.

1. 감정을 잘 느끼는 것은 불안과 우울증의 증상을 줄이고, 전 반적인 삶의 만족도를 높인다.
2. 감정을 잘 느끼는 것은 정신적인 건강의 개선뿐 아니라 육체적인 건강에도 도움을 준다.
3. 감정을 잘 느끼는 것은 자신의 감정을 수용함으로 타인의 감정을 잘 공감하고 수용할 수 있게 됨으로써 사회적인 관계에 대해서도 도움이 된다.
4. 자신의 욕구를 잘 이해함으로써 인지능력을 향상시키고, 스스로 동기부여 할 수 있는 능력을 가지게 된다.

절대 질문은 마음과 마음을 이어준다 09

패밀리 타임을 공유하고 싶다

앞에서도 잠시 다루었듯이 우리는 우리 가족만의 '패밀리 타임'을 가지고 있다. 10년 넘게 이 교육을 하면서 많은 가정이 자녀와 같이 회복되고 자녀와 부모와의 마음이 연결되었다는 피드백을 들었다. 그래서 이 패밀리 타임을 좀 더 많은 가정이 실행하기를 바라는 마음으로 구체적인 질문을 만들어 공유하고 있다.

"허락을 맡고 들어오면 좋겠어"

우리 가정은 첫째가 딸이고 둘째가 아들인 가정이다. 딸이 유치원에 다닐 때 일이다. 누나인 딸은 둘째를 잘 챙기는 편이었고 서로 잘 놀았다. 그런데 어느 순간 동생에게 약간 차갑게 대하고 자꾸 동생에게 잔소리를 하기 시작했다. 특히 동생이 자신의 침대에 들어왔을 때는 못 들어오게 막고 동생을 혼내곤 했다. 그리고 동생은 누나의 그런 반응에 서운해서 더욱 누나의 침대에 들어가려고 떼를 썼다.

솔직히 부모의 입장에서는 조금 짜증이 나기 시작했다. 이해가 되지 않았다. 둘이 늘 침대에서 잘 놀았기에 이렇게 반응하는 것이 이해되지 않았다. 순간 '딸이 좀 혼이 나야 할 시간인가?'라는 마음까지 들었다. 이런 일이 한 번 두 번 반복되면서 나도 점점 딸에 대한 감정이 쌓이고 있었다. 다행히 정기적인 패밀리 타임이 다가왔다. 먼저 서로 사랑 표현도 하고, 고마운 점도 표현했다. 그리고 서로에게 바라는 점을 말하는 시간에 이렇게 물어보았다. 최대한 감정을 섞지 않고 이야기했다.

"우리 딸~, 요즘 동생이 침대에 들어오면 화를 내고 못 들어오게 하던데…… 동생이 침대에 안 들어왔으면 좋겠어?" 그랬더니 "응"이라고 답한다. 벌써 옆에서 동생의 서운함이 느껴진다. 내 마음도 좋지 않았지만 계속 물었다. "아, 그러면 동생이 계속 침대에 안 왔으면 좋겠어? 동생하고 침대에서는 안 놀았으면 좋겠어? 전에는 침대에서 둘이 재미있게 놀았잖아?" 그랬더니 그건 아니란다. 그러면 어떻게 했으면 좋겠냐고 했더니 자신의 허락을 맡고 들어오면 좋겠다고 말한다.

패밀리 타임이 아니었다면 몰랐을 아이 마음

"아…" 난 그때 깨달았다. 아이가 이제 자기 공간을 가지고 싶어 한다는 것을. 그래서 물었다.

"그러면 동생이 어떻게 허락을 맡고 들어 왔으면 좋겠어?"

"음… 내가 침대 출입용 종이카드를 만들어줄게"

"아, 그러면 그 출입용 카드를 내고 들어오면 되는 거야?"

"응!"

그 이야기를 들은 동생도 웃으면서 재밌을 것 같은지 그렇게 한 다고 답한다. 그리고 패밀리 타임이 끝난 후 자신의 침대 출입용 종 이카드를 수십 개 만들어 놓는다. 생각해보면 너무나 사소하고 그 냥 넘어가거나 혼내고 끝낼 수 있는 사건이지만, 나는 이런 경험을 통해서 큰 깨달음을 얻었다. 아이에게는 저마다 확고한 자기만의 생각이 있고, 부모는 그 생각과 이유를 알기 위해 묻고 의견을 나 누어야 한다는 것을 말이다. 이런 과정은 곧 부모가 아이를 존중 하는 길이며, 이 존중을 통해야만 문제가 해결된다. 그리고 '패밀리 타임'은 이런 문제 해결의 실마리를 던져주는 시간을 제공한다.

만약 이 일을 두고 내가 딸아이에게 감정적으로 대응해서 일방 적으로 혼내고 끝냈다면 어땠을까? 아빠는 자신의 마음을 몰라주 는 사람이고, 서운한 마음이 커져 결국 그 서운함을 통해 생긴 미 운 감정이 다시 동생에게 가지 않았을까? 난 이때의 교훈을 기억하 고 늘 패밀리 타임을 통해 해결하려고 한다. 자주 아이들의 행동이 이해가 안 되고 화날 때가 많지만, 신기한 것은 매번, 패밀리 타임 때마다 정말 생각지도 못한 아이들의 마음을 듣게 된다는 것이다. 아이 같으면서, 또 신기하고 재밌는 수많은 이야기들을 말이다. 한편으로는 아이가 성장하면서 느끼고 경험하는 생각들을 하나하나 듣는 재미가 정말 쏠쏠하다. 이 책을 보는 부모님 모두가 진심으로 이런 재미와 기쁨을 느꼈으면 한다. 내가 패밀리 타임을 가능하면 많은 가정에게 공유하고자 하는 이유다.

패밀리 타임을 갖는 방법

패밀리 타임 시간은 정기적으로 가진다. 우리 가정에서는 한 달에 한 번을 원칙으로 한다. 그러나 부부끼리 혹은 자녀와의 관계 속에서 무엇인가 논의할 내용이 있다면 주말에 긴급 가족의 시간을 가지겠다고 하고 그 안건을 적어놓으면 좋다. 즉시 해결해야만 하는 정말 급한 문제라면 모르겠지만, 그 자리에서 바로 말하게 되면 부모도 아이도 감정적으로 반응할 수 있기에 문제가 더 커질 수 있다. 안건을 적어놓고 부모도 미리 어떻게 이야기하고 질문할지 부부끼리 논의하기도 한다.

패밀리 타임을 갖기 전에 다음과 같은 질문지를 미리 작성해서 참석하면 훨씬 좋다.

Q. 질문: 서로에게 감사하고 고마운 점은 무엇인가? 먼저 부모가 자녀

에게 답변으로 쓴 다음, 부모의 답변을 보고 자녀가 부모에게 쓰도록 한다. (이때 주의할 점은 상대의 행동이나 태도를 판단하거나 상대의 잘잘못을 말하는 시간이 아니라는 것이다.)

A 답변 :

_____

_____

_____

Q 질문 : **가족에게 바라는 점은?** (만약 가족 간에 갈등 상황이 벌어졌을 때는) 서로에게 바라는 점을 이야기하거나 미리 써 가도 좋다. '나는 지금 네가 이렇게 해주면 더 좋겠어'라는 당부의 말을 하는 것이라 생각하면 된다. (이때도 역시 비난이 아니고 부탁의 말로 해야 한다. 무조건적인 수긍을 강요하는 시간이 아니고, 그것에 대한 아이의 의견을 듣는 시간이 되어야 한다. 아이가 부모에게 바라는 점도 모두 듣고, 할 수 있는 것들은 맞추려고 노력하는 일이 중요하다.)

A 답변 :

_____

_____

_____

앞에 이야기한 내용을 한 달간 실행할 수 있도록 계획을 세워본다.

Q 질문 : **어떻게 실행할까?**

A 답변 : _____

_____

_____

패밀리 타임 나눔 질문은 아래와 같이 도움이 된다.

1. 가족끼리 마음을 나누는 시간을 통해 서로를 이해하고 존중하는 마음이 깊어진다.

2. 가족끼리 마음을 나누는 시간을 통해 각자의 감정을 표현하고 이해하는 능력을 향상시킨다. 가족 구성원들이 서로를 더욱 잘 이해하고 서로의 감정을 공감하며 대화할 수 있게 된다.

3. 가족끼리 마음을 나눔으로 자신을 잘 이해하고 존중하는 마음을 배우게 해준다. 이는 자아존중감을 향상시키는 데 큰 역할을 한다.

4. 가족끼리의 유대감을 강화하는 데 큰 도움이 된다. 이를 통해 서로를 더욱 신뢰하고 존중하며, 더욱 사랑하고 아끼게 된다.

절대 질문은 느낀 점(감정)을 서로 공유한다 10

기쁨과 슬픔, 분노와 즐거움을 자연스럽게
나눌 수 있는 사람은 행복하다

슬픔을 나누면 반이 되고, 기쁨을 나누면 두 배가 된다는 옛말이 있다. 요즘 이 말은 정말 옛말이 되었다. "슬픔을 나누니 약점이 되고, 기쁨을 나누니 시샘이 된다"라는 말이 유행이다. 우리는 어디를 가도 우리의 깊은 감정을 나눌 곳이 없다. 우리의 마음을 깊이 공감하고 따뜻함으로 경청해주는 곳이 없기 때문이다.

가정마저 그렇다면 우리의 삶이 얼마나 외롭고 슬플까? 아무도 나의 이야기를 들어주지 않을 때 서로 비교하고, 시샘하는 세상에서 부모가 나의 다양한 감정들을 들어주고 함께한다면 우리의 자녀는 정말 행복할 것이다. 나의 지인이자 《가르치지 말고 경험하게 하라》(플랜비디자인, 2019)의 저자인 김지영 교육심리학 박사는 이렇게 말했다.

"마음이 건강하고 행복한 사람은 삶이 기쁘고, 슬프고, 화가 나고, 즐거운 다양한 면을 가지고 있다는 사실을 알고 모든 감정을 포용하는 사람입니다."

진정 행복한 사람은 기쁨과 슬픔과 분노와 즐거움을 나눌 수 있는 사람이다. 자녀가 행복하기를 바라는가? 그렇다면 자녀의 이야기를 깊이 경청하고 공감해야 한다. 기쁨과 즐거움은 그대로 기쁘고 즐거워하게, 슬픔과 분노도 자연스럽게 느끼도록 도와야 한다.

코치로서 가장 기본적인 태도 역시 감정을 억압하지 않고 잘 느끼도록 돕는 것이다. 그러나 많은 부모들은 자녀의 고민을 빨리 해결해주려 한다. 자녀가 자신의 감정에 흔들릴 때, 부모까지 자녀의 불안과 걱정에 대해서 지나치게 반응하고 더 흔들리는 것은 좋지 않다. 오히려 조금은 거리를 두고 깊이 공감하며 함께 경청할 수 있는 부모가 되어야 한다. 자녀가 슬픈데 집에서조차 슬퍼할 수 없고, 부모에게 고민을 말할 수 없다면 정말 슬프고 안타까운 일이다. 슬픈데 슬퍼할 수 없고, 화나는데 화도 낼 수 없으니 말이다. 우리 자녀들의 마음은 외롭고, 그 어디에도 말할 곳이 없는 경우가 많다.

부모는 걱정하는 존재가 아니다

전에 나와 코칭을 했던 하영(가명)이의 이야기가 생각난다. 하영이에게 "부모님은 너에게 어떤 분이니?"라고 질문을 한 적이 있다. 그랬더니 하영이는 "나의 속마음을 이야기하기에는 부담스러운 사람"이라는 답을 했다. 이유를 물었더니 "부모님께서 무슨 이야기만 하면 너무 걱정하고, 힘들어해서 이야기할 수 없다"고 했다.

그 이야기를 들은 이후 부모 코칭을 진행하게 되었다. 여러 이야기를 나누다가 하영이 어머니의 청소년 시절 이야기를 나누게 되었다. 하영이 어머니는 청소년 시절 학교생활을 정말 힘들게 했다고 했다. 학업도 친구 관계도 모두 어려웠다. 성인이 된 지금도 그때를 생각하기 싫을 정도라고 했다. 그래서 자녀가 집에 와서 조금 어두운 표정만 지어도 마음이 쿵하고 내렸앉는 것 같고, 너무 걱정되고 힘들어서 어떻게든지 해결해 주어야 한다는 강박이 든다고 했다.

결과적으로 어머니의 과거 상처와 아픔, 그로 인한 과도한 걱정이 자녀로 하여금 마음을 나누지 못하고 집에서는 좋은 모습, 괜찮은 모습만 보여야 하는 결과를 가져온 것이다. 이후 몇 개월 동안 하영이 어머니의 감정 코칭을 진행하였고, 점차 어머니는 자신의 아픔과 과거에서 벗어나 자녀의 이야기를 경청하고 함께하는 시간을 가지게 되었다.

나의 공감 지수는 얼마일까

내가 자녀에게 또는 주변인들의 감정에 얼마나 공감하고 있는지, 나는 나의 희로애락을 얼마나 표현하고 사는지 한 번쯤 돌아볼 필요가 있다. 스스로의 공감 지수, 감정 표현 지수를 알아보는 질문을 해보자.

아래 질문들에 답을 해보고 우리의 자녀들에게 질문을 해보자. 자녀에게 질문을 던질 때는 너무 진지하기보다는 자연스러운 분위기가 중요하다. 손잡고 공원을 걷는다든지 주말에 가족끼리 외식하는 시간 등으로 자연스럽게 대화가 오가는 분위기를 조성한다.

Q. 질문 : 희(喜) : 싱글벙글 웃고 있는 나, 지금 무엇을 하고 있나요?
(스스로에게 물어본 다음, 똑같은 질문을 자녀에게도 해본다)
A. 답변 : _____

_____

Q. 질문 : 노(怒) : 순식간에 훅 화나게 하는 그 한마디는 무엇인가요?
A. 답변 : _____

_____

Q. 질문 : 애(哀) : 요즘 내 마음에 다닥다닥 붙어있는 고민이나 걱정은 무엇인가요?

A 답변 :

Q 질문 : **락(樂) : 싱글벙글 웃고 있는 나, 지금 무엇을 하고 있나요?**

A 답변 :

다시 강조하지만 이후 어떤 조언, 충고, 판단 등이 들어가면 안 된다. 한번 잔소리를 하거나 조언을 하게 되면 다음에 나눔의 자리에서 자녀는 마음을 닫게 된다. 힘들어도 기억하라. "음…." "아…." "그렇구나…." 하며 공감해주어라.

괜찮다고 이야기해주는 부모

"지금 그렇게 느껴도 괜찮아"라고 이야기해주는 것도 필요하다. 그것이 공감해주는 부모다. 공감이란 상대방의 감정을 무시하거나 억압하는 것도, 흥분해서 상대를 고치려 하는 것도 아니다. 함께 있어주고, 견뎌주고, 그 감정을 느끼도록 안전한 공간을 만들어주며, 정서적인 안정감을 주는 것, 그게 진정한 공감이다.

감정을 나누는 질문은 다음과 같이 도움이 된다.

1. 감정을 나누면 마음에 있는 부담과 스트레스를 줄일 수 있다. 부모와 자신의 감정을 공유하면서 자신의 감정을 좀 더 쉽게 받아들이고 수용하게 된다.

2. 감정을 나누면 대인관계에서도 더욱 편안함을 느낄 수 있다. 타인과 감정을 나누며 서로의 생각과 감정을 이해하게 된다.

3. 감정을 나누면 자신이 겪고 있는 감정을 스스로 정리하고 분석함으로써 자신의 감정을 이해하고 인식하는 능력을 키울 수 있다.

여권 훼손 사건

미국 LA에 강의 일정이 있어 가족과 함께 미국을 다녀오는 일정을 잡았다. 출국 4일 전, 아무 일도 없어서 뭔가 불안하던 차에 누군가의 유머인 줄만 알았던 일이 우리 집에도 일어났다. 이른바 '여권 훼손 사건'이다.

여권은 다른 나라는 물론이고 우리나라도 매우 엄격한 기준과 잣대로 관리된다. 그런데 여권이 훼손되는 일이 우리 집에서 실제로 벌어진 것이다. 놀란 아내가 인천 출입국사무소에 전화를 해서 듣게 된 이야기는 바로 그날 한 아이의 여권이(낙서 등으로) 훼손되어 티켓 발권이 안 되었고 가족이 출국을 못했다는 소식이었다.

그런데 우리 집에도 그런 일이 있어났다. 출국 4일 전, 딸이 자신의 여권을 예쁘게 꾸미겠다고 여권에 낙서를 한 것이다. 첫째는 어렸을 때 삐뚤게 써놓은 자신의 서명도 화이트로 깨끗이 지우고 또 박또박 이름을 다시 써놓았다.

출국 날짜가 임박했기에 아내는 하교한 아이와 사진관에 들러 사진을 찍고 사정을 이야기하며 여권과에 요청했다. 여권과 관계자는 외교부에 긴급요청을 해보겠다고 했다. 그러나 출국 전까지 여권 발급이 가능한지에 대해서는 그 누구도 확답을 해주지 않았다. 미국 비자도 이미 받았는데, 다시 받아야 한다고 했다.

딸은 엄마가 긴급히 움직이는 모습을 보며 자신의 실수를 깨닫고 당황해서 펑펑 울었나 보다. 난 일을 마치고 집에 들어가며 곰곰이 생각을 하다가 마트에 들러서 과자와 아이스크림을 잔뜩 샀다. 그리고 그날 날짜(5월 15일 이었다)를 '우리 가족 실수 축하의 날'로 지정하였다.

그리고 마침 스승의 날인 5월 15일을 우리 가족만의 제2의 스승의 날로 정한 것이다. '실수는 우리의 스승'이라는 의미로 말이다.

실수는 할 수 있지만, 그것보다 더 나쁜 것은 실수를 두려워하고 도전하지 않는 것! 집에 올라와 침울해 있는 딸에게 가족이 다같이 노래를 불러주었다!

"실수 축하합니다! 실수 축하합니다!
사랑하는 우리 딸, 실수 축하합니다!"

그리고 눈을 바라보고 이야기해주었다!

"사랑하는 우리 딸! 아빠는 우리 딸이 실수할 수 있다고 생각해! 우리 딸은 여권을 예쁘게 꾸미면 안 된다는 것을 몰랐으니까! 실수는 안 할 수 없어! 아빠도 실수하고, 엄마도 실수하고, 우린 모두 평생 끊임없이 크고 작은 실수들을 하거든, 그리고 그 실수는 정말 마음이 아프고, 또 감당해야 할 것들이 많아! 실수를 안 할 수 없지만 그 실수를 통해 배우는 것이 더 중요해! 그런데 실수를 하는 것보다 더 큰 실수는 실수를 두려워해서 도전하지 않는 거야. 아빠는 우리 딸이 실수를 두려워하지 않고, 날마다 계속 도전하는 우리 딸이 되었으면 해!"

그리고 다 같이 맛있게 아이스크림과 과자를 먹었다.

괜찮아, 괜찮아, 괜찮아

이렇게 해피엔딩처럼 이야기를 했지만, 사실 아내와 나는 속이 말이 아니었다.

여권이 나오지 못할 경우 플랜을 짜보았는데 암담했다. 당일 다시 비행기 티켓을 구입해서 딸과 나는 저녁이나 다음날 출발할 경우, 추가비용으로 4명의 비행기 티켓 값이 소요되었다. 비용도 비용이지만 강의 일정을 맞추는 문제도 있었다. 비자마저 늦게 나올 경우 입국에 문제가 생길 수도 있다고 하여 걱정이었다. 무엇보다 마음이 쓰인 건, 아내와 내가 아이를 탓하지 않았는데도 딸은 자신의 실수를 누구보다 신경 쓰고 마음 졸이고 있었다는 것이다. 그 마음을 느낄 수 있었기에 아빠 마음도 안쓰러웠다.

딸은 밤에 잘 때 이런 질문을 했다. "아빠, 세상에 실수를 안 하는 아이도 있어요? 실수를 한 번도 하지 않는 아이요."

말은 안 해도 이 상황에 대해서 많은 부담을 느끼는 듯했다.

"괜찮아. 우리 딸, 너는 모르고 한 거잖아. 괜찮아!"

아이는 평소와 같은 것 같았지만 스스로 질문하고, 생각하고, 깨닫고, 배우고 있는 것 같았다. 그리고 매일 편지를 써서 방문에 붙여 놓았다.

"아빠 엄마께, 이제 여권에 글씨 쓰지 않을래요. 죄송해요! 감사해요! 여권이 나오도록 엄마 아빠도 기도해주세요. 아빠 엄마 딸 올림"

딸의 편지를 보고 아이의 마음고생이 보이는 것 같아 마음이 짠했다.

우리는 결국 기적적으로 말도 안 되게 이틀 만에 여권을 받았다. 이후 비자 승인도 잘 나와서 일정에 차질을 빚지 않아도 되게 되었다. 학교에서 돌아온 딸 앞에 여권을 펼치자 아이는 함박웃음을 짓고, '할렐루야'를 외치며 팔짝팔짝 뛰었다. 그 덕분에 우리 가족은 평생 기억에 남을 배움과 추억을 남겼다!

이후로 우리 가족은 매해 5월 15일 스승의 날을 '우리 가족 실수 축하의 날'로 지정해서 한 해 동안 가장 많이 실수하고 배운 사람에게 상을 주기로 했다!

아이가 자신의 실수를 알고 당황하고, 스스로 자책하고 있는 상황에서 부모가 굳이 큰 소리로 다그치고 화를 내는 행동은 아이의 마음에 노여움만 더 키울 수 있다는 것을 다시 한번 깨달았다. 때로는 아무 말 안 해도, 혹은 말로 차근차근 설명해도 아이는 안다. 스스로 잘못했다는 것을. 이번에 우리 가정에 있었던 위기를 잘 넘기고 사랑을 쌓았다는 것이 참 기쁘고 감사하다. 인생에서 맑은 날은 별로 없다! 대부분의 흐린 날들을 어떻게 보내느냐가 인생의 질을 결정한다.

실수를 축하하는 대회를 열자

실패&실수 축하대회를 열자! 1년 동안 가장 큰 실수를 한 사람이 1등이다. 가족들끼리 한 해 동안 실수와 실패들을 적고 나누어보자. 1등을 뽑고 1등에게 상금과 부상을 지급한다. 그리고 그 실패와 실수를 통해 배운 교훈은 무엇인지 함께 나누어보자.

Q. 질문: 내가 한 해 동안 한 가장 큰 실수와 실패는 무엇인가?
A. 답변: _____

_____

Q. 질문: 실패를 하고 난 뒤에 나는 어떤 감정과 느낌을 받았나?
A. 답변: _____

_____

Q 질문 : 그 실패가 나에게 가져다준 것은 무엇이라고 생각하나?

A 답변 : _____

우리도 핀란드처럼

핀란드에는 '실패 축하의 날'이 있다고 한다. 이 날에는 다양한 사람들이 모여 자신의 실패경험을 서로 이야기하고 서로의 실패를 축하한단다. 그리고 이 행사는 핀란드를 넘어 전 세계로 퍼지고 있다. 사람들은 이 과정을 통해 실패는 끝이 아니며, 과정이고 경험이라는 것을 함께 깨닫게 된다. 실패는 도전의 또 다른 얼굴이고 나만의 자산이란 것을. 부모와 자녀가 함께 자신의 실패를 나누며 그 실패를 통해 배운 점을 나눈다면 얼마나 좋을까?

나도 매해 나의 큰 실수와 실패의 안타까움을 나누며 '우리 가족 실수 축하의 날'에 우승을 하고 있다. 그런 아빠의 모습을 보며 내 자녀들이 자신의 실패를 두려워하지 않고, 도전하고, 그 도전을 통해 배우길 기대하고 있다.

실수, 실패 축하의 날 질문은 아래와 같이 도움이 된다.

1. 실패를 축하하는 질문을 통해 아이들은 용기와 자신감을 얻을 수 있다.

2. 실패가 삶의 과정이고 경험이라는 것을 느끼고 새로운 도전
   에 임하고 실패를 두려워하지 않게 된다.

3. 실패가 자산이라는 것을 깨닫고, 실패를 수치스러워하기보
   다는 실패를 통해 오히려 배우고 성장하게 된다.

4. 실패의 경험을 다른 사람과 나눔으로써 자신의 장점 그리고
   단점을 깨닫게 된다. 그렇게 장점은 더욱 키우고 단점을 극
   복하며, 타인의 도움도 받을 수 있는 능력을 키우게 된다.

12 절대 질문은 자녀를 챔피언으로 만든다

자신의 삶을 비관했던 한 청년

승준(가명)이란 청년의 이야기를 나누려고 한다. 그는 자신의 집 안이 가난한 것과 자신이 처한 여러 가지 힘든 상황이 늘 슬프고, 그래서 세상에 분노가 많은 친구였다. 늘 괴롭고 힘들어하는 승준 이와 대화를 나누고 오랜 시간 코칭을 진행하게 되었다. 승준이는 자신 내면의 괴로움과 슬픔을 나에게 털어놓았고, 차츰차츰 내면 의 힘을 찾아갔다. 그리고 그는 자신의 미래를 꿈을 꾸어보기 시 작했다. 나는 승준이에게 '미래 나의 모습이 신문기사로 나온다면?' 이란 기사를 적어보도록 했다.

처음에 승준이는 미래가 그려지지 않아 조금 고민했지만, 자신 이 존경하는 대상을 기반으로 스스로 정말 하고 싶은 일, 닮고 싶 은 인물의 모습을 신문기사로 적어보기 시작했다. 승준이가 적은 미래의 신문기사 제목은 〈가난하고 마음이 힘든 사람들을 도운 박승준〉이었다. 승준이는 자신과 같이 어려움에 처한 청소년들을 돕는 것을 자신의 미래의 모습으로 설정을 해보았다. 오랜 시간이 지나 승준이는 목사 안수를 받고 현재 교회에서 목사님으로 일을 하고 있다. 그는 자신이 꿈을 꾸던 일을 하고 있으며, 멋진 어른으로 그가 꿈꾸었던 대로 자신처럼 가난하고 마음이 힘들었던 친구들을 돕고 있다.

 가끔은 참 힘든 현실

무성영화 시대 최고의 희극배우였던 찰리 채플린은 "삶은 멀리서 보면 희극이고 가까이서 보면 비극이다"라는 말을 남겼다.

채플린의 말처럼 삶은 가끔 비극처럼 느껴지기도 한다. 부모도 아이도 가끔은 내 앞의 문제가 너무 크게 느껴져서 한 치 앞도 안 보일 때가 있다. 그럴 때 좋은 방법이 미래 모습을 그려보는 것이다. 가끔 미래의 모습을 그려보는 것이 "아이들에게 '현실'적이지 않고 '환상'을 심어주는 것이 아니냐?", "이런 멋진 꿈을 꾸다가 현실을 마주하면 실망만 더 커지는 것이 아니냐?"라는 질문을 받기도 한다. 나는 이런 질문을 하는 부모님들께 이야기한다.

"물론 여기 적은 꿈대로 다 되는 것은 아니지만, 아이들이 자신의 미래의 모습을 적어보고, 미래의 모습을 그려보는 일은 너무나 중요합니다. 미래의 꿈을 상상하며 자신이 걸어갈 미래의 방향을 보게 되고, 그 즐거움과 기대로 지금 내 앞의 한 걸음을 걷게 됩니다. 그 기대와 희망으로 실패를 이겨내며, 또 다음으로 나아가게 합니다."

삶에는 각자 자신만의 이유와 의미가 있다고 난 믿는다. 이 글을 읽고 있는 여러분도 모두 아래의 내용을 한번 적어보자. 그리고 자신이 진정 무엇을 원하는지, 어떤 방향의 삶을 살고 싶은지 제한 없이 적어보자. 그렇게 일단 먼 곳에 푯말을 꽂으면 그다음은 어떻게 해야 할지 조금은 알게 될 것이다.

 신문이나 뉴스에 내가 나온다면

미래의 꿈이나 모습을 상상해보는 일은 어렵지 않다. 일단, 미래 뉴스나 신문에 자신이 기사로 나왔다고 가정하자. 그 기사는 어떤 내용이고, 나는 그 기사나 뉴스에서 어떤 인물로 그려질까? 그리고 사람들은 내 기사를 보고 어떤 반응을 할까? 그 기사(뉴스)가 보도된 다음 날부터 내게 일어날 일은 무엇일까? 이렇게 다양한 상상의 날개를 펼쳐서 자신의 미래를 구체적으로 그려보는 것이다.

Q. 질문 : 내가 나온 기사의 헤드라인은 무엇일까? 그리고 기사(뉴스) 내용은 무엇인지 적어보자.

A. 답변 :

Q 질문 : 주변 친구들은 내 기사(뉴스)를 보고 어떤 반응을 할까? 대중들의 반응을 상상해서 적어보자.

A 답변 : _____

_____

Q 질문 : 기사(뉴스)가 보도된 다음 날부터 내겐 어떤 변화가 일어날까?

A 답변 : _____

_____

유튜브, 인스타,

틱톡 인플루언서 등이 된다면······

요즘은 대중매체만큼 유튜브, 인스타그램, 틱톡 같은 SNS의 영향력을 무시할 수 없다. 콘텐츠에 따라서는 오히려 이런 개인 인플루언서들이 더 큰 화제성과 영향력을 가져오기도 한다. 신문기사나 뉴스의 주인공을 상상해보았다면, 이제 SNS 쪽으로도 시야를 넓혀보자.

이때는 단계별로 상상력을 구체화시키는 것이 좋다.

스텝. **1** : **영역을 정한다**(여행, 패션, 뷰티, 푸드, 테크, 자동차, 게임, 운동, 동물/펫, 연예, 음악, 영화, 공연/예술, 경제, 영어 등등).

A. 답변 : _____

_____

_____

스텝. 2 : 자신이 원하는 영역의 닮고 싶은 사람을 찾아본다 (존경하는

대상, 닮고 싶은 인플루언서 등 다양한 인물이 포함될 수 있다.)

A. 답변 : _____

_____

_____

스텝. 3 : 자신이 이 영역을 선택한 이유를 적어본다.

A. 답변 : _____

_____

_____

스텝. 4 : 자신이 이 영역에서 뉴스기사가 나오거나 인플루언서가 되었

을 때 어떤 모습으로 있을지 적어보자.

A. 답변 : _____

꿈을 상상해 보는 질문은 아래와 같이 도움이 된다.

1. 미래 신문기사를 적어보면 어떤 모습으로 자신이 되고 싶은

지, 어떤 일을 해보고 싶은지, 어떤 방식으로 살아가고 싶은 지 등을 더욱 구체적으로 상상할 수 있다. 이를 통해 우리 는 우리 자신의 목표와 꿈을 더욱 구체화할 수 있다.

2. 미래의 모습을 구체적으로 상상하면 우리는 우리 자신의 인 생에서 방향성을 찾을 수 있다. 어떤 일을 해보고 싶은지, 어떤 일이 자신에게 맞는지 등을 생각해볼 수 있다.

3. 미래의 모습을 적어보면 우리는 자신의 미래를 긍정적으로 생각할 수 있다. 우리가 꿈꾸는 미래를 상상하고 나아감으 로써 더 나은 미래를 만들어갈 수 있다.

13 | 절대 질문은 성취감을
느끼도록 돕는다

장단점을 공정하게 아는 것이 중요하다

sns가 발달하고, 도시에서 밀도 높게 살아가는 이 시대 아이들은 타인과 나를 비교할 기회가 많고, 자신의 부족한 부분을 많이 생각할 수밖에 없다. 자신의 부족한 부분은 잘 이야기하지만, 자신의 잘한 것이나 성취한 것, 그리고 장점을 이야기하라고 하면 잘 이야기하지 못한다. 그것은 우리가 단점을 지적하고 잘못한 것을 고치면 발전하고 성장할 것이라고 여기는 고정관념 때문이다. 물론 단점을 고치는 것이 중요하다. 그런데 근본적으로 어떤 하나의 특성, 성격, 능력에는 동전의 양면처럼 장점과 단점이 공존한다. 따라서 그 특성, 성격, 능력은 잘 관리되면 장점, 관리되지 못하면 단점이 된다.

예를 들면, 열정적인 아이가 있다고 가정하자! 그 열정을 아무 곳에나 쓰지 않고 내가 해야 할 일에 잘 집중하고 관리하면 한 분야에서 굉장히 탁월한 결과를 내겠지만, 사소한 모든 곳에 그 열정을 다 쏟고 다니다가는 탈진하거나 지쳐서 아무 곳에서도 성과를 내지 못할 것이다.

때문에 내가 가진 특징에 대해 공정하게 장점과 단점을 잘 아는 것이 필요하다. 다만 그동안 단점에 치우쳐서 스스로를 낮게 보는 경우가 많으니 나의 장점을 자랑하게 해보기, 사소한 것이라도 성취한 것을 이야기해보는 것을 게임처럼 해보기를 추천한다.

임상심리학자이자 행동변화가인 헤이든 핀치는 《게으른 완벽주의자를 위한 심리학》이란 책에서 이렇게 말했다. "당신은 게으른 사람이 아니다. 당신은 굉장히 잘하고 싶은 사람이다." 아이들도 작은 실수하기를 수치스러워하고, 실패를 두려워한다. 그런데 작은 실수와 실패는 성공을 향한 필수 요소가 아니겠는가? 실수와 실패를 느끼는 것 만큼 자신의 성취와 성공을 맛보는 시간이 정말 중요하다.

삶의 과정을 적어보자

나는 코칭을 하면서 항상 매주 아쉬웠던 이야기와 그럼에도 불구하고 잘한 점에 대해 이야기를 나눈다. "한 주간 공부를 잘 못하고 잠을 많이 잤어요"라는 말을 하는 친구에게는 "그럼에도 불구하고 잠을 많이 자서 충전을 했구나?"라고 이야기 해주고 "이번에 기타를 연습 중에 계속 시도를 한 주법을 실패를 했어요"라고 아쉬워하는 아이에게는 "아! 실패를 했음에도 계속 그 기술을 습득하려고 시도하는 열정을 가진 한 주였구나?"라고 말해준다. 삶이 과정이고 성장이라는 것을 계속 기억하도록 돕는 것이 코치의 일이라고 확신하기 때문이다.

코칭을 진행한 한 CEO가 있었다. 그분은 수많은 업무와 처리해야 할 일들로 지쳐 있었다. 하루에도 수없이 일어나는 일들과 결정해야 하는 상황 속에서 본인의 실수들이 용납이 되지 않아 죄책감을 가지고 있었다. 그것으로 인한 재정적인, 인력적인 낭비와 손해에 대해서 화가 나는 것을 넘어 자괴감을 느끼고 있었다. 그분의 감정을 충분히 나누고, 그분이 평생에 걸쳐 크고 작게 성취해 온 것에 대해 적는 시간을 가졌다. 처음에는 적을 게 별로 없다고 하더니 나중에는 100가지도 넘게 적었다. 정말 많은 경험 속에서 다양한 성취를 경험했고, 지금의 이 자리에 있는 것이다. 그분 스스로 그 내용을 적고, 얼마나 신나고 뿌듯한 표정을 지으며 돌아갔는지 잊지 못한다.

 부모도 사람이다

부모 코칭을 하다 보면 한결같이 자녀를 키우면서 자녀에게 실수하고, 소리 지르고 잘해주지 못한 것에 대해 슬퍼하고 스스로에게 화를 내는 경우가 많았다. 그리고 그런 자신에게 슬프고 화가 나서 오히려 자녀에게 더 못 해주는 경우가 많았다. 부모도 사람이다. 부모로서 노력한 자신을 격려해주는 것이 필요하다. 비록 남들처럼 다해주지 못해 부족한 것만 같을지라도 내 자녀를 가장 사랑할 수 있는 사람은 나이며, 내 자녀는 나의 따뜻한 눈빛, 자상한 한마디를 기다리고 있다. 자녀를 위해서라도 자신을 위해주는 부모가 되자. 그리고 자녀도 스스로를 늘 격려하고 칭찬하는 아이로 키우자.

안타까운 것은 부모 자신들이 그것을 너무나 잘 알고 지나치게 반성하고 있다는 사실이다. 부모라고 해서 완벽할 수는 없다. 내자녀를 위해 자신이 했던 일들을 스스로 칭찬해주고 격려해주는일이 필요하다. 아마 부모들도 지금까지의 과정을 돌아보면, 100가지도 넘을 칭찬거리가 있다. 부모들은 과거를 후회하거나 미래를 걱정하면서 현재 내 앞에 있는 자녀와 충분한 시간을 보내지 못한다. 내 앞에 있는 자녀의 '필요'를 충족시켜주지 못하는데 미래에 대한 걱정이 무슨 소용인가! 이를 되새기자.

나는 얼마나 내 자랑을 잘하는 사람인가

스스로의 장단점을 잘 아는 것만큼 중요한 일은 없다. 그런데 사람들은 대개 자신의 단점은 잘 알아도 장점은 제대로 알지 못하는 경우가 많다. 자신에 대해 1분 동안 마음껏 자랑을 해보자. 어떤 내용이든 우리는 '짝짝짝' 박수를 쳐주겠다.

Q 질문 : **자신이 한 달간 가장 잘했던 일은 무엇인가?** (그럼에도 불구하고 실행했던 일에 대해 부모도 적고 자녀도 적어보도록 한다)

A 답변 : _____

_____

Q 질문 : **지금까지 살면서 아주 사소하더라도 성취한 것들이 있다면?**
(10가지 이상 적어보자. 이를테면 태권도 초단 딴 것, 석 달 동안 미술학원에 꼬박꼬박 다닌 것, 글짓기 대회 참가, 아픈 상황에서 개근한 일, 하기 싫은 수학 숙제를 빼놓지 않고 지속한 것, 음식 만들기 등 그 어느 것이라도 좋다.)

A 답변 : _____

_____

_____

성취한 것을 적어보는 질문은 아래와 같이 도움이 된다.

1. 자신의 성취를 요약함으로 자신의 성취를 인식할 수 있고 스스로 자부심을 느끼도록 돕는다.
2. 자신의 강점을 인식하고 자신의 뛰어난 영역을 더욱 개발하고 단점을 보완하도록 돕는다.
3. 실패와 실수에만 집중해서 자신에 대해 부정적 감정을 가지기보다는 스스로에게 긍정적인 감정을 느낄 수 있도록 돕는다.

절대 질문은 스스로 꿈을 꾸도록 돕는다 14

"네가 진짜로 원하는 것이 뭐야?"

우리는 대부분 질문을 주고받는 교육을 받지 못했다. 우리는 늘 4지선다형, 5지선다형의 문제에 익숙하다. 미리 정해진 답을 외워서 대답하는 것에는 자연스럽지만 내가 원하는 것을 답할 때는 어색하다. 좁은 곳에 밀도 높게 모여 살면서 늘 주변을 의식하고, 비교하며 타인을 따라 살기 바빴다.

"그래서 네가 진짜 원하는 것이 뭐야?" "정말 하고 싶은 것이 뭐야?"라고 질문하면 보통 무슨 대답이 나올 것 같은가? 여러분이 한 번 답해보았으면 한다.

"지금 여러분이 진짜 원하는 것이 무엇인가요?" 상당히 많은 분들이 "글쎄요, 몰라요" 아니면 단순히 "경제적으로 넉넉하고, 돈이 많아지길?" 정도이다.

아이들도 마찬가지이다. 정말 무엇을 원하는지 물으면 일단 잘 모른다고 답한다. 물론 청소년들은 경험이 제한적이어서 그렇기도 하다. 그렇지만 또한 자신의 감정과 생각이 어른들에게 어떻게 판단받고 조언받을지 모르기에 스스로 제한하고 검열하는 것이 익숙하기도 하다.

나는 오랜 기간 강의와 코칭을 통해 유치원생부터 노인분들에게까지 이 질문을 해왔다.

"실패하지 않는다면 무엇에 도전하시겠어요?" 대부분 처음에는 잘 대답하지 못 했다. 하지만 천천히 마음을 열게 도와주면 자신의 마음 안에 있는 정말 이루고 싶었던 것들을 말하기 시작한다. 처음에는 돈에 대한 이야기가 많다. 우리 삶에서 돈은 중요하니까 당연하다. 그런데 그 이후 더 공감하고 경청하며 하나씩 묻기 시작한다. "그렇게 돈을 얻고 또 뭐 하고 싶어요?", "그리고 그 후에는 뭐 하고 싶어요?", "그 다음에는요?" 이렇게 질문해 나가다 보면 조금씩 자신 안에 있었지만 자신조차 몰랐던 이야기들을 풀어내기 시작한다.

나의 마지막 10가지 도전

한 노인복지관에서 잊지 못할 시간이 있었다. 강의 제목은 '내 삶의 마지막 10가지 도전!'이었다. 처음에는 앞에 계신 할아버지, 할머니께서 웃으신다. 젊은 친구가 애들에게 오는 걸로 잘못 알고 온 것 아니냐고. 뭘 얼마나 산다고 무슨 새로운 도전이냐고. 그랬던 어르신들과 함께 마음을 나누며 자신의 삶에서 있었던 도전들과 자신의 마지막 남은 삶에서 이루고 싶은 꿈들을 나누었다. 그 곳에 계시던 한 분, 두 분 눈물을 보이며 자신의 삶에 마지막 남은 도전과 꿈들을 나누신다.

"내 자녀들, 손주와 가까운 곳에라도 여행 가서 즐거운 시간 보내고 싶다", "현직에서 물러났지만 정말 필요한 사람들에게 이 재능을 나누고 죽고 싶다", "내 조금 있는 재산을 기부해서 정말 필요한 사람들을 돕고 싶다" 등등. 이렇게 마음을 나누며 강의장은 눈물바다가 되었다. 몸도 아프고, 외롭고 서러웠던 현재의 삶에서 마지막 남은 도전과 꿈을 향한 한 걸음을 걸을 소망에 힘을 찾기 시작한다.

엄마들의 자아 찾기가 필요하다

청소년 코칭을 하며 많은 어머니들을 만나게 된다. 많은 어머니들의 상황은 비슷하다. 어릴 때는 부모의 기대를 충족시키기 위해 바빴고, 그 이후에는 직장을 찾기에, 그리고 결혼해서는 남편에게 신경 쓰고 정신없이 아이를 키우느라 매일 바쁘다. 그 사이 아이들은 점점 커간다. 아이가 어렸을 때는 엄마에게 전적으로 의존하지만 차츰 엄마를 벗어나 자기 삶을 독립적으로 살기를 희망한다. 오직 자신의 삶의 목표였던 자녀가 홀로 서자 엄마로서 자신의 정체성이 통째로 흔들리기 시작한다.

그렇게 흔들리고 나서는 엄마들도 다시 '내가' 되어가기 시작한다. 나는 정말 누구인가? 아이와 남편을 떼어놓고 진정 나는 누구인가? 30~50대 여성이 자신을 위해 쓰는 돈은 제일 마지막인 것을 아는가? 먼저 가정을 위해, 아이를 위해, 맨 나중에 쓰는 것이 자신을 위한 돈이다(그래서 30~50대 엄마들은 정신적인 어려움이 있어도 상담을 못 받는 취약계층이라는 말이 있을 정도다). 엄마들도 자신을 찾아가야 한다. 내가 누구인지, 진정 무엇을 원하는지.

 아이들이 실패를 넘어 도전하고 싶은
내용을 나누게 하자

우리 아이들에게 실패를 두려워 하지 말고 일단 다 이야기하게 해보자. 그리고 아이들이 엉뚱한 도전거리를 말했을 때조차도 "정말 이런 것이 가능해?"하지 말고 맞장구를 쳐주자. 예를 들면, 아이가 투명인간 되기나 화성에 가서 살기, 좀비 연구하기 같은 말도 안 되는 도전거리를 털어놓을지라도 일단 마음껏 말하게 하는 것이 중요하다.

내가 만난 실제로 좀비에 많은 관심 있었던 청소년이 있었는데, 아이의 부모님은 이런 쓸데없는 취미로 무엇을 하겠냐고 되물었다. 그런데 알고 보니 '세계 좀비 산업' 규모가 매년 5조를 넘는다는 보고서가 있다. 현재 단계에서는 그 어떤 생각도 상상력도 제한하지 않고 함께 나누는 것이 중요하다. 실제로 그와 관련된 직업을 가질지 계속 그것을 할지보다는 그런 관심과 즐거움을 동력으로 자신의 삶을 향한 여정을 떠나도록 에너지를 제공하는 것이 무엇보다 중요하다.

Q. 질문 : 실패하지 않는다면 무엇에 도전하겠는가? 10가지

A. 답변 : _____

_____

_____

_____

_____

_____

_____

Q. 질문 : 10가지를 적고 나니 어떤 느낌이 드는가? 느낌을 적고 나누어보자.

A. 답변 : _____

_____

_____

_____

_____

꿈을 꾸도록 돕는 질문은 아래와 같이 도움이 된다.

1. 자신이 원하는 것을 상상해 봄으로 스스로 동기부여를 가질 수 있다. 그 동기부여를 가지고 자기 스스로 목표를 설정하게 된다.

2. 자신이 원하는 것을 적어봄으로써 즐겁고 충만한 기분을 느끼게 됩니다. 이 즐거운 기분은 긍정적인 역할을 하고 자존감을 높인다.

3. 자신의 삶을 디자인하는 데 도움이 된다. 어떤 일에 열정이 있는지를 스스로가 느끼게 된다.

절대 질문은 스스로를
사랑하도록 돕는다

15

힘들 땐 이렇게 하자

나는 부모코칭 강의 때마다 되도록 이 질문을 하고 적어보도록 한다. "당신을 진심으로 아끼고 사랑하는 누군가가 당신에게 격려와 충고를 해줍니다. 무슨 이야기를 해주나요?" 내용을 적어보라고 하면 처음에는 이런 내용을 적는 것이 부끄럽다고 말한다. 어떤 분은 "닭살 돋아요"라고 말하기도 한다. 그런데 막상 적고 나면 정말 많은 분들이 눈물을 흘리며, 이 내용에 스스로 격려받고 힘을 얻는다. 왜냐하면 자신이 늘 듣고 싶었던 말이었기 때문이다. 정말 듣고 싶었던 말인데 아무도 해주지 않았던 것이다. 부모도, 친구도, 애인도, 가족도…; 그래서 정말 외롭다. 문제는 그 누구도 안 해주는데도 불구하고 심지어 나조차도 나에게 그말을 안해준다는 점이다. 그래서 이 질문이 낯설고 부끄러웠던 것이다. 사실 나의 마음을 제일 잘 아는 것은 남이 아니다. 나 자신이다. 그런데 늘 나 자신조차 나에게 이 말을 안해주면서 타인에게 바라고 있으니…; 누가 나처럼 나에게 해주겠는가? 어쩌면 우리는 우리 자신에게 가장 가혹하다. 남들은 그렇게 격려해주고 칭찬해주려고 노력하지만, 나 자신에게는 혹독하게 '부모로 넌 참 부족하다', '네가 그러고도 좋은 부모니?'란 말을 해줄 때가 많다. 깊이 사랑받는 느낌은 나 자신이 나를 사랑해 줄 때 가능하다. 아무리 주변에서 '넌 괜찮은 사람이야' '넌 정말 멋져'라고 말해도 속으로 자신을 깎아내리고, 비난하는 사람은 '나의 진짜 모습을 알면 그렇게 이야기 못 할거야'라고 생각하며 자신을 진정 사랑하지 못한다. 그래서 늘 마음이 공허하고 외롭다. 나 자신이 공허하고 외로운데 어떻게 나의 자녀를 충만한 사랑으로 대하겠는가? 그 말을 이제 내가 나 자신에게 해주어야 한다. 그 말을 내 부모가 해준다면 좋겠지만, 그렇지 못하다면 내가 나의 제2의 부모가 되어 나에게 해주어야 한다. 부모인 우리가 영원히 자녀와 함께할 수는 없다. 자녀가 스스로 자신에게 격려하고 위로하는 습관을 가지도록 돕자. 그리고 이 질문을 통해 자녀가 어떤 말을 듣고 싶어 하는지 알고 정확히 그 이야기를 해주도록 하자.

나에게 쓰는 편지

나를 사랑하고 아끼는 친구, 선생님, 부모님이 나를 위해 편지를 써준다고 상상해보자.

그는 나의 마음을 깊이 잘 안다. 내 감정에 공감하고, 나를 긍휼히 여긴다. 그리고 그들은 성숙하고 예의 바르다. 따뜻하다. 그는 지금 이런저런 다양한 감정을 느끼는 나에게 무엇이라고 말할까?

나에게 쓰는 편지는 관찰자가 되어서 스스로에게 말을 해줄 수 있는, 내 마음과 만나는 방법이 될 수 있다. 보통 우리는 우리의 감정과 생각 등에 혼자 갇히게 되는데, 이때 나에게 쓰는 편지는 나의 감정과 생각을 마치 제3자처럼 바라볼 수 있게, 상상하게 한다. 그러므로 내가 진정 무엇을 원하고 바라는지 알게 되고 표현하는 좋은 방법이 된다. 내가 워크숍을 하면서 이 과정을 진행했을 때 많은 분들이 이 편지를 통해 위로 받고, 격려 받는 시간이 되었다.

나에게 편지를 써준 그 내용을 상상해서 적어보자.

답변 :

_____

_____

_____

_____

_____

_____

 서로에게 듣고 싶은 말

코칭을 진행하면 보통 이 질문을 부모와 자녀에게 한다. 한 번은 부모와 자녀 간의 사이가 멀어져서 어려움을 겪는 상황에 놓인 부모·자녀를 코칭하게 되었다. 그렇게 코칭을 진행하던 중 부모는 자녀에게 듣고 싶었던 말을 적었다. 자녀는 부모에게 듣고 싶었던 말을 적었다. 그리고 그 내용을 서로 바꾸어 부모는 자녀가 부모에게 듣고 싶었던 말을 읽어주고, 자녀는 부모가 듣고 싶었던 말을 읽어주었다. 어떻게 되었을까? 정말 얼마나 울었는지 모른다. 평생 듣고 싶었는데, 못 들어서 서로 모질게 말하고 서로에게 상처주고 가슴 아팠는데, 그 듣고 싶었던 말 한마디에 부모와 자녀의 마음이 녹기 시작했다.

나도 그 모습을 보고 얼마나 울었는지 모른다. 더 나아가 부부 세미나에서 이렇게 서로 듣고 싶었던 말을 적고 서로 그것을 읽어주는데, 상상만 해도 그 모습이 그려지지 않는가? 서로 서운하고 상처 받았었는데, 서로의 진심을 전하게 되는 그 과정이 정말 감동적이었다.

어쩌면 사람은 대단한 것보다는 정말 유치하고 사소한 것에 감동하고 행복해하는 것이 아닐까 생각한다. 사랑하는 사람의 한마디, 사랑하는 사람의 사랑의 눈빛, 그것이 우리가 경험하고 싶은 행복이 아닐까? 이 행복을 자녀에게 선물해준다면 얼마나 좋을까!

자녀에게 마음을 전하는 편지

답변:

나에게 편지를 쓰는 질문은 아래와 같이 도움이 된다.

1. 나 스스로 진정 어떤 것을 원하는지 알 수 있고, 그 말을 나에게 해줄 수 있다.

2. 내가 듣고 싶었던 말을 나에게 해줌으로 자존감이 채워짐을 경험한다.

3. 타인에게 인정과 사랑을 바라기보다 스스로 자신을 격려하고 위로해주는 방법을 터득한다.

절대 질문은 자신이 진정 원하는 것을 찾도록 돕는다 **16**

죽음을 상상하게 하라

코칭을 진행했던 은성(가명)이는 생각도 많고, 배려심도 많은 세심한 친구였다. 학교, 사회생활 및 과외 활동에서도 스트레스가 많았다. 은성이는 학업을 이어가는 일에도, 부모와 친구들 사이에서 관계를 맺는 일에서도 남들의 기대에 부응하지 못할까 봐 걱정이 많았다.

그날도 신경 쓸 것이 많았던 은성이와 '나의 장례식'에 대해 적어 보는 시간을 가졌다. 나는 은성에게 자신에 대해 사람들이 바라는 것, 기억되고 싶은 것, 축하받고 싶은 내용에 대해 적어보라고 이야기했다.

처음에 은성이는 이 과제를 하는 것을 약간 망설였다. 자신의 죽음을 상상한다는 것이 뭔가 기분이 좋지 않았고, 그것을 굳이 왜 적어야 하는지 이해하지 못했다. 하지만 은성이가 글을 쓰기 시작하면서 흥미로운 일이 일어났다.

은성이는 "나는 조금이나마 세상을 더 정의롭고 좋은 곳으로 만들었던 사람"이라고 적었다. 원래 생각도 많고 걱정도 많은 아이였는데 자신이 살고 싶은 모습을 상상하니 기분이 좋다고 말했다.

그러면서 은성이는 잠시나마 자신이 늘 걱정해왔던 것들이 실제로는 사소한 일일 수 있다는 것을 깨닫기 시작했다. 성적, 인기, 자신에 대한 걱정 대신, 자신이 하고 싶은 일과 되고 싶은 것들에 대해 생각하기 시작했다. 은성이는 공부하는 이유도 단지 누군가와 비교하기보다는 자신을 위한 것임을 받아들이기 시작했고, 힘든 입시과정을 지나 교육학과에 입학해서 선생님이 되기를 꿈꾸고 있다.

너 장례식장에 초대합니다

이처럼 자신의 죽음을 상상하는 것은 의외의 효과를 준다. 은성이뿐만 아니라, 그 누구라도 자신의 죽음을 상상하는 일은 일반적으로 하기 힘들다. 장례식을 상상하는 방법은 어렵지 않다. 언젠가 자신이 죽고, 진행되는 장례식을 머릿속에 그려보는 것이다. 나의 장례식장, 주위에는 내 가족들과 친구들이 나를 지켜보고 있다. 그들이 이젠 그들을 떠난 나를 어떻게 기억하면 좋을지 상상하여 기록해보자.

먼저 내 가족들에게 하고 싶은 말을 유서로 적어보자.

Q. 질문 : 나는 배우자와 아이들에게 무슨 이야기를 하고 싶은가?

A. 답변 : _____

_____

_____

_____

Q. 질문 : 내 장례식에 온 친구들은 누구이고, 그들은 어떤 이야기로
나를 추억하는가? (예시: 따뜻하고 친절했던 사람, 꿈을 이룬 사람, 의리
가 있었던 사람, 끝까지 성취했던 사람 등 추상적인 느낌이어도 좋고, 반
대항 축구시합에서 결승골을 넣었던 사람, 친구가 아팠을 때 보건실까지
부축해주었던 사람 등 실제 했던 행위를 추억해도 좋다.)

A. 답변 : _____

_____

_____

이 글을 읽는 분들께도 부모님들께도 질문을 해본다. 당신이 죽
은 후, 나의 자녀에게 어떻게 기억되고 싶은가? 그냥 지나가지 말고
이 질문을 답을 해보길 추천한다. 나는 늘 나의 자녀에게 "아빠는
사명을 위해 죽어갔고, 그것을 위해 정신적, 정서적, 육체적으로 훈
련했으며, 늘 유머를 지닌 사람"으로 기억되고 싶다. 현재도 어처구

니없는 아재 개그로 딸에게 구박을 받고는 하는데, 나는 죽기 직전
에도 딸에게 행복한 구박을 받다가 죽는 것이 바람이다.

Q. 질문: 나는 자녀에게 어떤 부모로 기억되고 싶은가? 바라는 모습
을 적어도 좋고, 실제 어떤 부모로 기억되고 있는지 자녀에게 물어
도 좋다.

A. 답변: _____

_____

_____

_____

걱정은 이제 그만

자녀를 키우는 부모는 입장에서는 여러 가지 걱정을 하게 된다.
그리고 끊임없이 부족한 자신을 탓하며, 그럼에도 자신을 따라주
지 않는 자녀가 원망스럽기도 하다. 다시 한번 묻는다. 우리는 언젠
가 죽고 우리의 자녀와 이별을 할 것이다. 외면하고 싶지만 변하지
않을 진실이다.

당신은 그때 사랑하는 자녀에게 어떤 말을 듣고 싶은가? 부모로
서 중요한 가치는 무엇인가? 되고 싶은 모습은 어떤 것인가? 생각
해보았는가? 그렇다면 그 죽음 앞에서 사소한 걱정들, 단기적인 어
려움들, 당장 화나는 것들은 어느새 아주 작아져 있음을 느낄 것

이다.

나의 장례식을 그려보는 것은 스스로 죽음을 떠올린다는 의미다. 장례식을 상상하면 인생에서 진짜 중요한 것이 무언인가에 대한 관점을 얻을 수 있다. 당장 눈앞의 어려움, 실패, 속상함을 넘어 내가 소중히 여기는 가치와 모습을 깨달을 수 있다.

죽음을 생각하는 질문은 아래와 같이 도움이 된다.

1. 삶의 끝을 생각하면서 나의 삶이 영원하지 않다는 것을 깨닫고 현재에 집중하도록 돕는다. 결국 우선순위를 정하고 실행하도록 한다.
2. 지금 나에게 주어진 것에 감사하게 된다. 주변의 가족과 현재를 당연히 여기기보다는 지금 순간에 더욱 감사하도록 돕는다.

17 | 절대 질문은 자신이 중요하게 여기는 가치를 찾도록 돕는다

존경하는 사람을 만나는 기쁨

코칭을 하며 만난 경진(가명)이에게 존경하는 사람이 누구인지 물었다. 경진이는 자신의 꿈은 나중에 유명한 쉐프가 되는 것이라고 했다. 그렇게 한참을 생각하던 경진이는 한 쉐프를 존경한다고 적었고, 자신도 그렇게 되고 싶다고 말했다. 그 쉐프의 어떤 점이 그렇게 존경스럽냐고 묻자 경진이는 그 쉐프의 성실함과 도전정신을 존경한다고 했다.

나는 이어서 그 쉐프에게 질문하고 싶거나 궁금한 내용이나 듣고 싶은 조언이 있냐고 물었다. 경진이는 왜 쉐프가 되었는지, 지금의 자리까지 오면서 힘든 일은 없었는지, 자신이 지금 무엇을 어떻게 해야 하는지 궁금하다고 했다. 그리고 곧 그 쉐프의 인스타그램을 찾아서 자신의 꿈과 지금 어떻게 노력하고 있는지, 그리고 궁금한 점을 물어봤다.

　처음엔 답장이 안 왔는데 반복해서 메시지를 보내고, 또 그 쉐프님을 응원하며 자신이 쉐프가 되기 위한 노력의 과정을 메시지에 담아서 보냈다고 한다. 경진이 말로는 100번은 보낸 것 같다고 했다. 그 이후 그 쉐프에게 연락이 왔다고 한다. 한번 만나고 싶다고…. 그리고 경진이는 자신이 존경하는 쉐프를 만나 맛있는 식사도 하고, 조언도 듣고, 선물까지 받아왔다. 경진이가 얼마나 기뻐하고 감격했는지 나도 그때의 기억을 잊지 못한다.

꿈을 이루고 싶다면

　꿈을 이루는 방법은 내 꿈에 가깝게 다가간 사람, 내가 꿈꾸는 성취를 이룬 사람을 찾아가 배우는 것이다. 평생교육, 평생 창업의 시대에 이것은 그 누구에게도 필요한 이야기이다. 유튜버를 하려면 유튜버를 찾아가서 배워야 하고, 사업을 하려면 사업가에게 배워야 할 것이다. 특히 지금 청소년들은 정말 진로에 대해 막막하고 고민이 많은데, 이때 자신보다 앞선, 자신이 존경하는 대상을 상상해보고 닮아가는 것은 정말 중요한 작업이다. 그리고 모두 그런 것은 아니지만 자신의 영역에서 무엇인가를 열심히 이룬 사람들 중에 본인처럼 열심히 꿈을 이루어가고 싶은데 어려움을 겪는 청소년들을 돕고자 하는 마음을 가진 사람들을 나는 많이 보았다.

　자신이 존경하고 닮고 싶은 분의 책을 읽거나 영상을 보면서 따라 하고, 닮도록 노력하면서, 또 동시에 앞에 소개한 친구처럼 인스타그램이나 페이스북, 유튜브 채널 등에 댓글이나 메시지, 메일로 정중히 인사를 드리고 조언을 구하려는 시도를 해보면 좋다.

아이들도 존경까지는 아니더라도 좋아하고 닮고 싶은 사람 한 명 정도는 있다. 그분이 왜 그렇게 존경스럽고 좋은지, 또 닮고 싶은지 구체적으로 이야기해 보면, 자녀가 추구하고 싶은 가치와 방향을 스스로 깨닫게 된다.

내가 존경하는 사람은 누구인가

내가 존경하거나 닮고 싶은 사람은 누구인가? 3명 정도를 적어보자. 존경까지는 아니어도 좋다. 좋아하고 호감이 가는 사람을 이야기해보자.

Q. 질문 : 내가 존경하고 닮고 싶은 사람은?

A. 답변 : _____

_____

_____

Q. 질문 : 그 이유는 무엇인가? 어떤 특징 때문에 존경하고 닮고 싶은가?

A. 답변 : _____

지적인	창의적인	책임감	독립적인	열정적인
인내심	성장하는	유머감각	친절한	온화한
성실한	자신감	대담함	배려심	협조적인
소통능력	따뜻한	용기있는	결단력	인내심
호기심	건강한	영감을 주는	리더십	직감
순발력	존중	세심함	유연함	참신한
완벽함	긍정적	현실적	자유로운	체계적인
신뢰	솔직함	우아한	다재다능	적극적
헌신적인	성취지향	감성적	협동심	희망적

존경하는 생각을 해보는 질문은 아래와 같이 도움이 된다.

1. 자녀에게 영감을 주고 동기를 부여할 수 있다. 이는 곧 자신 삶의 방향을 찾도록 돕는다.

2. 존경하는 사람을 우러러봄으로써 자신의 긍정적인 자질과 행동을 발전시킬 수 있다. 그렇게 한 사람을 위대하게 만드는 가치와 특성을 배워 자신의 삶에 적용하고 노력할 수 있다.

3. 그들의 성공에 결과뿐 아니라 과정이 있었음을 깨달으며, 자신의 실수와 실패 여정도 하나의 과정임을 깨닫고 다시 꿈에 도전할 수 있도록 돕는다.

18 절대 질문은 자기가 어떻게 할 때 기분이 좋은지 알도록 돕는다

나의 감정을 알아야 나를 기분 좋게 만들 수 있다

어느 날 아침 잠에서 깨어났을 때 기분이 좋은 날이 있을 것이다. 그러면 그날은 타인에게 친절해지고 잘해줄 수 있다. 그런데 내 기분이 좋지 않고 힘들면 누구를 만나도 기분이 좋지 않고 짜증이 난다. 아이들을 코칭하면서 알게 된 사실 하나는 아이들이 스트레스 받는 이유 중에 상당히 많은 원인이 부모가 자신의 기분에 따라 자녀에게 감정적으로 반응하는 데 있다는 것이다.

먼저 부모가 자신의 기분을 어떻게 좋게 만들어야 하는지 잘 모른다. 자신의 감정을 잘 알아채고 어떻게 조절하고 또 회복시켜야 하는지 아는 것은 정말 중요한 일이다. 부모의 기분이 좋아지고 컨디션을 회복하면 자녀의 스트레스 지수가 굉장히 낮아진다. 실제로 성적이 올라가는 경우도 많다. 그렇기에 부모가 자신이 어떻게 감정을 회복해가고 조절해야 하는지 아는 것이 반드시 필요하다.

이는 자녀들도 마찬가지이다. 아이들은 자신의 감정을 어떻게 조절해야 하는지 잘 모른다. 자라나면서 옆에 있는 부모의 모습을 통해 보고 배울 뿐이다. 아이에 따라 기분이 좋지 않으면 그 감정에 직면해서 바라보는 것이 싫기에 그저 모른 체하거나, 감정을 억누르는 경우가 많은데, 이는 좋지 않은 방법이다. 결국 그렇게 쌓인 감정은 더 커져서 자신을 괴롭히게 될 테니 말이다. 따라서 아주 어려서부터 자신의 기분이 좋지 않거나 컨디션이 나쁠 때 어떻게 회복해야 하는지 알고, 이를 직접 실행해 보고 경험해야 한다.

기분을 좋게 하는 30가지 방법

아이들과 코칭을 해온 경험을 바탕으로 사람의 감정을 좋게 하는 30가지 방법을 아래에 소개한다. 여기 적힌 방법 말고도 자신만의 방법을 적어보면 더욱 좋을 것이다.

1. 규칙적인 운동
2. 충분한 수면
3. 균형 잡히고 건강한 식단을 섭취
4. 마음챙김과 명상 연습하기
5. 자연에서 시간 보내기
6. 새로운 기술이나 취미 배우기

7. 사랑하는 사람과 시간 보내기

8. 웃고 즐기기

9. 감사 목록 적기

10. 휴식

11. 자원 봉사 및 다른 사람 돕기

12. 자기 관리 연습

13. 자신의 감정에 대해 일기를 쓰기

14. 음악 듣기

15. 거절하는 법을 배우기

16. 용서하기

17. 스트레스 관리법 배우기

18. 동물과 시간 보내기

19. 자신을 다른 사람과 비교하지 말기

20. 긍정적인 말 적어보기

21. 긍정적인 혼잣말 연습하기

22. 계획 세우기 시간을 가지기

23. 기도하기

24. 새로운 것을 시도하기

25. 정리하기

26. 햇볕에서 시간을 보내고 비타민 D를 섭취하기

27. 취미와 여가 활동을 위한 시간을 만들기

28. 필요한 경우 상담사 & 코치의 도움을 구하기

29. SNS 거리두기

30. 운동하기

내가 찾은 '나의 감정 찾기 비법'

앞에 나열한 30가지 방법을 기초로, 자기 자신을 기분 좋게 하는 방법을 찾았다면 그것을 적어보자. 그 감정이 나온 과정과 그 방법을 발견했을 때 느낀 감정도 더불어 적어보자.

Q. 질문 : 나를 기분 좋게 하는 방법이 무엇인가?

A. 답변 :

Q. 질문 : 이 방법을 발견했을 때 내가 느낀 감정을 구체적으로 표현해보자('설레었다', '두렵지만 기대가 되었다', '어떤 일이 벌어질지 호기심이 들었다.' 등으로 구체적으로 표현해도 좋고 과거에 경험했던 비슷한 실천 사례를 떠올려서 적어도 좋다).

A. 답변 :

Q. 질문 : 이 방법으로 다음 한 주간 실제로 실행해볼 것들은 무엇이 있을까?

A 답변 : _____

_____

_____

기분을 좋게 만드는 방법을 찾는 질문은 아래와 같이 도움이 된다.

1. 관계 개선 : 감정을 조절할 수 있으면 충동적으로 반응하거나 다른 사람을 비난할 가능성이 줄어든다. 이것은 더 좋은 관계를 맺는 것에 큰 도움을 준다.

2. 삶의 만족도 증가 : 감정을 관리하면 스트레스, 불안 및 우울증이 줄어들어 삶의 만족도가 전반적으로 향상된다.

3. 성숙한 의사결정 : 부정적 감정은 판단력을 흐리고 잘못된 의사 결정으로 이어질 수 있다. 감정을 조절하는 방법을 배우면 명확하고 합리적인 사고 방식으로 선택을 하도록 돕는다.

절대 질문은 스스로 자신의 성격과 특징을 알도록 돕는다 19

조하리의 창을 내다보자

'조하리의 창(Johari's Window)'이란 이론이 있다.

	Known to self	Not Known to self
Known to others	**Arena**	**Blind Spot**
Not Known to others	**façade**	**Unknown**

조하리의 창(Johari Window)

이 모델은 심리학자 조셉 루포(Joseph Luft)와 해리 잉햄 (Harry Ingham)에 의해 개발되었으며, 이 둘의 이름을 따 '조하리 (Joseph+Harry=Johari)'라는 이름이 붙었다. 조하리의 창은 자신과 타인 사이의 인간관계에 대해 이해하는 데 도움이 되는 이론이다. 이 이론은 네 가지 영역으로 구성되어 있다.

첫 번째는 '공개 영역(Public Area)'으로, 자신과 타인 모두가 알고 있는 정보와 행동을 말한다. 예를 들어, 학교에서 좋아하는 과목이나 취미 등이 이에 해당한다.

두 번째는 '모르는 영역(Hidden Area)'으로, 자신만이 알고 있는 정보와 행동을 말한다. 이는 자신이 부끄러워하는 것이나 공개하면 안 되는 비밀 등이 이에 해당한다.

세 번째는 '블라인드 스팟(Blind Spot)'으로, 자신은 모르지만 타인에게는 알려진 정보와 행동을 말한다. 예를 들어, 단점 또는 나쁜 습관 등이 이에 해당한다.

마지막 네 번째는 '알 수 없는 영역(Unknown Area)'으로, 자신도 타인도 모르는 정보와 행동을 말한다.

이러한 네 가지 영역을 이해하면, 자신과 타인의 관계를 더욱 깊이 이해하고, 서로에 대한 이해를 높일 수 있다. 이런 시간을 가지며 서로의 모습에 대한 정확한 피드백을 줄 수 있다.

부모들은 보통 교육자의 입장에서 자녀의 부족한 부분을 교육하게 된다. '그렇게 행동하면 안 된다' 위주의 부정적 피드백이라든지 아니면 잘한 행동을 했을 때 '잘했어' 정도의 칭찬을 하게 되는데 그것만으로는 자녀들이 제대로 된 피드백을 받기 어려울 수 있다.

이것을 활용하면 좋은 점

정확한 특징을 가지고 이야기하게 되면 억지로 칭찬을 만들어 내거나 계속 착한 행동을 유도하게 만드는 칭찬이 아닌, 자녀가 원래 가진 특징으로 칭찬을 할 수 있다. 실제로 아이들은 이렇게 구체적으로 특징을 듣게 되면, 관심과 사랑을 표현 받는다고 느끼는 경우가 많다.

실제 나와 코칭을 진행한 친구들은 오랜 시간이 지나도 그때 서로 이렇게 표현하고 적어본 종이를 가지고 있다. 그때 그 순간 친구로부터 부모로부터 받은 표현들을 감동스럽게 기억하고 있다. 실제로 주변으로부터 부정적인 피드백만을 들었던 아이들은 친구와 가족으로부터 이런 구체적인 피드백을 들었 때 스스로 자존감이 높아지는 것도 경험했다.

이 프로그램을 하면서 좋은 점은 부모 또한 자기 스스로 모르는 부분에 대한 통찰을 얻을 수 있다는 것이다. '아, 내가 자녀를 대할 때는 이런 특징이 보이는구나?', '내가 이런 특징을 자녀에게 강조하는구나?' 특히 자신의 부모로부터 받았던 경험을 자녀에게 강조하는 경우가 많은데, 그럴 때는 스스로를 객관화하고 자녀의 특징은 나 자신과는 또 다를 수 있다는 것을 인정한 다음 자녀의 특징에 맞추어 양육할 수 있도록 객관화하는 것이 중요하다. 예를 들어, 자신은 현실적이고, 체계적인 특징을 가진 부모인데, 자녀가 자유분방하고 창의적인 특징을 가지고 있다면 자녀의 특징을 인정하고 받아들이되, 부모로서 현실적이고, 체계적인 부분을 가르쳐 줄 수 있으면 좋을 것이다.

질문과 답변으로

다른 사람들이 말해주는 나의 특징 적어보기

	첫 번째 특징	두 번째 특징	세 번째 특징
1			
2			
3			
4			
5			

위의 인터뷰에서 가장 많이 나온 특징 3가지		

위의 인터뷰에서 내가 가장 좋아하는 특징 3가지		

위의 인터뷰에서 가장 나 같은 특징 3가지		

사람의 특징을 나타내는 단어

지적인	창의적인	책임감	독립적인	열정적인
인내심	성장하는	유머감각	친절한	온화한
성실한	자신감	대담함	배려심	협조적인
소통능력	따뜻한	용기있는	결단력	인내심
호기심	건강한	영감을주는	리더십	직감
순발력	존중	세심함	유연함	참신한
완벽함	긍정적	현실적	자유로운	체계적인
신뢰	솔직함	우아한	다재다능	적극적
헌신적인	성취지향	감성적	협동심	희망적

자신의 성격과 특징을 이해하는 질문은 아래와 같이 도움이 된다.

1. 의사소통 개선 : 부모와 자녀가 서로의 성격을 이해하면 보다 효과적으로 의사소통할 수 있다. 서로의 강점과 약점, 의사소통 방식을 알면 오해와 갈등을 예방하는 데 도움이 될 수 있다.

2. 더 나은 관계 : 서로의 성격을 이해하면 부모와 자녀 사이의 관계를 강화할 수 있다. 그것은 더 깊은 연결을 만들고, 상호 존중을 강화하고, 더 긍정적인 관계를 장려하는 데 도움이 된다.

3. 더 나은 양육 : 자녀의 성격과 특성을 알면 부모가 자녀의 필요에 맞게 양육 스타일을 조정할 수 있다. 예를 들어, 아이가 내성적이라면 부모는 아이가 재충전할 수 있도록 더 조용한 시간을 제공할 수 있다. 이러한 방식으로 부모는 자녀에게 보다 개인화되고 효과적인 양육을 제공할 수 있다.

진정한 부모 되기, 그 기다림과 성장의 여정으로 당신을 초대합니다

저는 코치로, 목회자로 많은 청소년들을 만나고 코칭을 해왔습니다. 그리고 그 친구들의 부모들을 만났습니다. 부모님들의 마음을 듣게 되면 하나같이 안타깝고 마음이 아팠습니다. 한 사람의 마음을 다룬다는 것은 많은 에너지와 시간이 드는 일입니다. 한 사람의 삶이 담겨있으니까요. 제가 그 마음을 듣고 한 분 한 분 코칭해 드리고 싶지만, 그럴 수 없기에 이 책을 쓰게 되었습니다.

이 책은 부모나 교사, 그리고 리더들이 쉽게 읽고 활용할 수 있도록 이론이나 추상적인 내용을 담지 않으려고 노력했습니다. 실제 청소년들에게 사용하는 질문들 위주로 쉽게 쓰려고 노력했고, 하나하나 제가 만나고 경험한 사례를 담았습니다. 물론 '이 책에 쓰여진 대로 모두 변화가 가능하다' 이런 이야기를 하고 싶은 것은 아닙니다. 그런 일은 불가능합니다.

제가 배우고 경험했던 것은, 인간에게 변화란 진정 '나 자신'이 되는 것이라는 겁니다. "물고기를 나무 오르는 능력으로 판단한다면 그 물고기는 스스로를 바보라고 여길 것이다'라고 했던 아인슈타인의 말처럼, 우리의 좁은 생각 프레임이 얼마나 나와 타인을 괴롭게 할 수 있는지 깨닫게 되었습니다.

그리고 '인간이란 결국 누군가 한 사람이 진정 자신을 믿고 함께하면 변화한다는 것!', 그 변화의 방식과 시간은 내 생각과 다르지만, 누구나 자신의 때와 자신의 방식으로 스스로 피어난다는 것을 깨닫게 되었습니다.

"사람들은 자신이 있는 그대로의 모습으로 받아들여지고 있다고 느낄 때만 변화에 대해 진지하게 고민한다." (칼 로저스, 심리학자)

아이 스스로가 '자신(the self)'을 찾아가도록 부모가 경청하고 질문하며 기다려준다면 얼마나 좋을까요? 그 아이는 성장해서 그 부모를 어떻게 기억할까요? 아이 스스로 어떻게 자라날까요?

부모가 된다는 것은 내 목숨보다 소중한 내 아이의 고통을 짊어지는 일입니다. 그 고통의 무게는 이루 말할 수 없이 크고 부모 자신을 불안하게 만듭니다. 그러나 그 불안은 어쩌면 부모로서의 나를 새롭게 만들어가는 훈련의 여정이 될 것입니다.

"다른 사람들이 의식적으로든 무의식적으로든 우리를 불안하게 만들 때, 그 불안은 우리가 결코 스스로는 불러내지 못했을 우리의 또 다른 모습을 불러내 더 큰 잠재력을 발휘하게 할 수도 있다."

(— 마리 루티, 《가치 있는 삶》 —)

'나'에게 그리고 '너'에게 질문을 던져보세요. 그리고 그 깨달음으로 새롭게 자신을 찾아 스스로도 몰랐던 잠재력을 찾아가시는 여러분이 되시길 축복합니다.

북큐레이션 • 원하는 곳에서 자신의 가치를 높이고, 가슴 뛰는 삶을 살고 싶은 이들을 위한 책

《절대질문(絶對質問)》과 함께 읽으면 좋은 책. 진정한 나다움을 발견하고 인생을 멋지게 브랜딩하길 원하는 당신을 응원합니다.

1년 100권 독서법
4STEP 방법 공개

1년 100권 독서법

차석호 지음 | 13,800원

"오늘부터 책과 조금 친해지기로 했다"
하루 3시간 조금씩 꾸준히 읽는 1년 100권 독서법!

4차 산업혁명 시대 이전에는 가지고 있는 지식의 양이 많아야 살아남을 수 있었다. 오늘날은 가지고 있는 지식을 창의적으로 활용하는 사람만이 살아남을 수 있다. 창의력 향상에 도움이 되는 것은 누가 뭐라고 해도 독서다. 독서가 좋다는 것은 알지만 이런저런 이유로 책과 친한 어른은 드물다. 저자는 인생의 시련 앞에서 한 권의 책을 만나 마음가짐을 바꾸고 인생의 전환점을 맞았다. 독서의 효과를 몸소 경험한 저자가 제안하는 조금씩 꾸준히 읽는 '1년 100권 독서법'을 만나보자.

인생을 근사하게 만드는 10가지 도전

아주 작은 도전의 힘

라수진 지음 | 13,800원

"도전도 스펙이다"
꾸준한 도전으로 커다란 성취를 경험하라!

많은 사람들이 목표를 향한 도전을 미루거나 회피한다. 때로는 결과가 잘못될까 봐 불안하다는 이유로 시도조차 안 하기도 한다. 그러나 사실은 하고 싶은 의지가 없거나 현재의 자리에 안주하는 것에 익숙해 있는 건 아닐까? 자신만의 안전지대(Safety Zone)를 벗어나 위험을 감수하고 도전할 때 제2의 인생으로 도약할 수 있는 기회가 온다. 소소하지만 꾸준한 노력으로 성취감을 얻고 싶은 사람들 모두에게 이 책은 누구나 생활에서 실천할 수 있는 작은 도전의 성공으로 자신감을 얻고 인생의 터닝 포인트를 만들 수 있는 길을 안내해줄 것이다.

미라클 액션
하재준 지음 | 15,000원

"행동이 없으면 오늘과 내일은 같은 날이다!"
망설이는 당신을 행동파로 만드는 행동력 훈련

스무 살에 분양사무소에서 영업을 시작해 37세인 지금 10여 개의 법인회사와 개인 사업체의 대표가 된 저자는 17년간 치열한 사업의 현장에서 살아남은 무기로 '남다른 행동력'을 꼽는다. 저자는 아침 알람 소리 한 번에 자리를 털고 일어나고, 발품을 한 번 더 팔고, '안 된다는 생각'은 없음을 다짐하고, 경험은 돈을 주고도 사며, 상대의 말은 끝까지 경청하는 등 사소한 행동 한 가지부터 행동하고 실천하라고 조언한다. 생각하느라 시간을 다 쓰는 사람들, 주저하는 데 많은 공을 들이는 사람들에게 매우 긍정적인 동기부여가 되어줄 것이다.

나를 브랜딩하는 스피치 기술
이명희 지음 | 14,500원

자신의 가치를 높이고
소통력을 키우는 스피치의 기술

스펙도 넘치고 외모도 근사한 데다 직업도 좋은데 사람들에게 호감을 주지 못하고 인정받지 못한다면 자신의 스피치 능력과 듣는 자세를 돌아보자. 이 책은 '제대로' 말하는 법은 물론이고 스스로를 적절히 표현해서 자존감을 높이고 존재감을 드러내어 실력을 제대로 인정받는 법까지 구체적으로 안내해준다. 멋으로 치장하는 겉치레 말이 아니라 진심으로 사람에게 다가가 본심을 전달하고 세상과 소통하여 변화를 꾀하고 싶은 모든 이들에게 이 책은 '현명한' 말의 기술을 알려줄 것이다.